KB121542

_____ 님께 드립니다.

우리 산하에 인문학을 입히다

정철도 몰랐던 21세기 관동별곡

홍인희 지음

교보문고

'햇볕에 바래면 역사가 되고 달빛에 물들면 신화가 된다褪於日光則爲歷史 染於月色則爲神話'고 했던가? 곧 우리네 삶이 햇볕과 달빛 속에 어우러져 역사와 신화가 된다. 자연 또한 별반 다르지 않다. 제아무리 아름다운 자연이라 한들 그것만으로는 온전한 감동이 없다. 거기에 깃든 수많은 사연과 의미, 즉 인문학적 울림에 주목해야 한다. 언제부터인가 태백산맥 줄기마다 묻혀 빛을 보지 못하는 소중한 이야기들을 세상 밖으로 끄집어내 문화적 자산으로 이어가게 하고 싶었다.

어린 시절 산과 들, 강과 바다는 그저 건강한 놀이터였다. 여름이면 새까만 몸뚱이를 내놓고 지치도록 냇가를 뛰어다니고, 가을이면 뒷병 한가득 메뚜기 잡고 돌아오는 길에 척척 휘어진 옥수수를 서리해 배를 채웠다. 겨울이면 잠자는 미꾸라지를 잡겠다고 꽝꽝 얼어붙은 논바닥을 파헤치고, 새봄에는 툭하면 산나물을 캐러 가는 동네 누나를 따라나서곤 했다. 이제와 생각해보면 이처럼 산천과 어우러진 몸짓들이 그저 소모적인 것만은 아니었으며, 오히려 아련한 기억으로 남아 내 감성의 자양분이 된 듯하다.

이러한 자연이 새로운 의미로 다가온 것은 대학 시절이었다. 한반도 역사가 늘 그랬듯이 그 시절도 평탄치는 않았고, 젊음의 고뇌를 겪어야 했다. 그 때문인지 역사와 문화에 대한 관심이 부쩍 늘어서 자연스레 우리 산하를 역사와 문화의 관점으로 바라보는 버릇이 생겼던 것 같다.

사회에 발을 내딛고 나서도 이러한 관심은 더욱 늘어 틈나는 대로 찾고, 뒤지고, 듣고, 모으는 나름의 작업으로 이어졌다. 그때마다 슬몃슬몃 다가온 느낌은 인간은 자연에서 태어나 자라고 그 속에서 위로받으며 또 영원히 잠든다는 소회였고, 그런 만큼 여기에는 수많은 선열들의 온갖 희로애락과 생로병사가 깃들어 있다는 생각이 확고해졌다. 이것이 내가 우리 산하에 얽힌 역사와 신화를 찾는 일에 최선을 다하고자 하는 이유다. 그리고 그 첫 대상이 강원도다.

강원도는 산업화의 물결 속에서도 비교적 원시의 모습이 많이 남아서인지 자타가 인정하는 우리나라의 대표적인 휴식 공간으로 자리매김했다. 휴가철, 단풍철, 스키시즌과 휴일이면 도심을 탈출해 강원도로 밀려드는 차량들이 꼬리를 문다. 2010년에는 연인원 9,000만 명의 관광객들이 다녀갔다고 한다.

이처럼 누구나 즐겨 찾는 곳이 되었지만, 강원도에 대한 일반의 인식은 여전히 역사·문화적 영역에서 벗어나 있는 측면이 강하다. 수년 전 한 언론이 조사한 결과, '강원도 하면 생각나는 것은?'이라는 질문에 '감자, 설악산, 동해, 스키장, 옥수수, 경포 해수욕장' 등이 주류를 이루었다. 경상도 하면 저명한 유학자들과 전통, 전라도 하면 예향, 충청도 하면 충절이 연상되는 것과는 사뭇 다르다.

하지만 사실을 짚어보면 강원도는 단순히 자연 경관이 뛰어나고 휴가를 보내기 좋은 고장만은 아니다. 이퇴계와 이율곡을 성현으로 길러낸 어머니들의 고향이자, 고려가 마무리되고 조선 창업이 태동되었으며, 민족의 노래 아리랑의 원조가 탄생한 고장이요, 한반도의 젖줄인 한강과 낙동강이 발원하는 곳이 강원도다.

많은 유무형의 문화적 자산과 인물이 숨겨져 있으며, 이와 관련된 이야기들은 강원도에 머무르지 않고 한반도 전체 역사와도 맞닿아 있다. 어떠한 이유에서든 평소 그것이 간과되고 있을 뿐이며, 강원도 사람들의 인식도 이와 크게 다르지 않다.

이제 검룡소와 황지에서 시작되는 물줄기가 일천수백 리를 굽이 돌아 한반도의 두 대하大河를 만들어내듯, 강원도가 안고 살아온 긴 역사와 문화의 깊은 속살을 헤쳐보고자 한다.

모쪼록 이 책이 우리의 산하와 강원도에 대한 관심을 더욱 높이는 계기가 되길 소망하며, 특히 최첨단 실용주의에 익숙해진 청소년들에게 '옛것에서도 얻을 것이 많다'는 메시지가 될 수 있다면 더없는 보람이 될 것이다. 조선 후기의 대표 실학자인 연암 박지원도 "지난 일을 살피되 변화를 알고, 창조를 해나가면서도 근본에 능해야 한다法古而知變 創新而能典"며 어제와 오늘의 소통을 강조하지 않았던가?

수고하신 분들이 너무 많다. 저자에게 문리를 틔워주고 원고까지 검토해주신 최상익 교수님, 집필과정에서 팔이 저려 고생하자 불원천리하고 달려와 치료해주던 사랑하는 아우 조성환 원장의 정성을 잊지 못한다. 평생의 일화를 수시로 증언해주신 손호승 어르신과 집필의 길라잡이가 돼주신 소설가 이순원, 시인 곽효환 님, 좋은 아이디어와 자료를 준 노병인, 허인식 님께도 감사드린다. 특히 늘 내 편이 되어 걱정해주시는 권혁희 님과 책의 완성도를 높이기 위해 끝까지 애써준 가족에게 머리 숙인다.

홍 인 희

1 햇볕에 바래고 달빛에 물들어

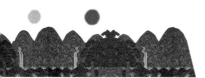

1 햇볕에 바래고
달빛에 물들어

산수의 경치가 훌륭하기로는 강원도 영동지역을 제일로 꼽는 것이 마땅하다. 우리나라
팔도에 호수가 다 있는 것은 아니지만 오직 영동에 있는 여섯 호수는 거의 인간 세상에
있는 것이 아닌 듯하다. ··· 강가에서 살 만한 곳으로는 평양 외성을 팔도에서 최고로 친
다. 다음으로 춘천 우두촌인데 소양강 상류에 두 가닥 물줄기가 옷깃처럼 합류하는 그
안쪽에 위치했다.
　－《택리지》중에서

망자에게 대관령 길 넓힌 죄를 묻다

서울에서 출발해 승용차로 두어 시간 영동고속도로를 달리면 대관령에 이른다. 강릉의 관문이요, 영동과 영서를 가르는 분기점이다. 지리적으로 두 지역이 나누어질 뿐 아니라, 기후도 이곳을 사이에 두고 양쪽이 대조적이어서 "영서 날씨가 추워 옷을 껴입고 영동에 갔다가 쪄 죽고, 영동에서 덥다고 헐렁한 차림으로 영서에 갔다가는 얼어 죽기 십상이다"는 우스갯소리까지 있을 정도다.

대관령 너머 동해안 지역의 날씨는 매우 변화무쌍하다. 태백산맥과 해양성 기후 때문인지 강풍, 폭설, 폭우 등이 잦아 예로부터 '양강지풍, 통고지설, 일구지난설襄江之風, 通高之雪, 一口之難說', 즉 양양과 강릉에는 바람이 심하고, 통천과 고성에는 눈이 많이 내려 한 입으로 뭐라 설명할 수 없을 정도라는 말과 함께 '이상 기후로 설랑목·풍랑목이 많이 지면소나무가 많이 상하면 다음 해에 사람들이 여럿 다친다'는 속설이 전해온다. 실제로 1936년 영동지역에 닥친 풍수해, 이른바 '병자 포락논밭이 떨어져 나감' 당시 양양군에서만 500명이 넘는 사망자 및 실종자가 발생하는가 하면, 경포호 옆 강문항으로 굽이져 흐르던 강릉의 젖줄 남대천 물줄기가 지금처럼 직선으로 변형되어 안목항 일대 바다로 흘러들어 갈 만큼 피해가 극심했다.

이러한 영동지역의 날씨에 대해서는 고 정주영 현대그룹 회장도 자서전 《시련은 있어도 실패는 없다》에서 고향인 강원도 북부 통천을 묘사하면서, 눈에 얽힌 일화들을 여러 차례 실감나게 적고 있다.

> 고향의 겨울은 온통 눈뿐이었다. 전국에서 눈이 가장 많은 지역이 통천이고 거기에서도 첫 번째가 우리 마을 아산이다. 눈이 왔다 하면 1미터이고, 퍼부었다 하면 2미터 이상이었다. 어느 해 겨울에는 눈이 많이 온 날 강풍이 불어 산간 계곡에 몇십 미터씩 눈이 쌓여서, 동네 사람들이 노루와 산돼지 사냥에 나서 30여 마리를 잡아 온 동네가 잔치를 벌인 적도 있다.…그해 겨울따라 유난히 눈이 많이 내렸다. 우리 마을은 눈이 오면 넉가래로 우물길을 만들어놓아야 할 만큼 적설량이 많은 곳이다. 골짜기를 오가며 물을 긷는 아낙네들의 머리에 인 물동이만 움찔움찔 보일 정도로, 눈이 왔다 하면 강산처럼 내렸고 이웃끼리 눈 터널을 뚫고 왕래해야 했다. 세상 물정에 워낙 어두웠던 우리는 마을이 눈에 파묻히면 조선 천지가 다 그런 줄 알았다.

다시 대관령 이야기로 돌아가본다. 지난 2001년 터널을 일곱 개씩이나

大關嶺

• 김홍도의《금강사군첩》중 〈대관령〉. 아흔아홉 굽이마다 이곳을 거쳐 간 수많은 길손들의 애환
이 깃들어 있고, 저 멀리 동해와 경포호가 손에 잡힐 듯하다.

뚫는 난공사 끝에 새 고속도로를 개통한 덕분에 지금은 지대가 얼마나 높
은지도 모르는 채 이내 강릉에 도착하지만, 사실 대관령은 태백산맥의 큰
줄기이자 높이 832미터에 달하는 준령이다. 10여 년 전까지만 해도 눈이라
도 한바탕 올라치면 모두 차에서 내려 바퀴에 체인을 단단히 감았다. 그러
고 나서도 험하디험한 고갯마루를 내려가기 위해 잔뜩 긴장하는가 하면,
때로는 오던 길로 되돌아가기도 하던 마의 구간이었다. 일제 강점기 때 우

마차가 다니는 신작로로 닦여 대관령의 허리를 돌고 돌던 2차선 도로에는 이제 그때의 기억과 운치를 즐기려는 차량만이 드문드문할 뿐, 도로 이곳 저곳을 넘나드는 날다람쥐와 청설모 등 야생동물이 더 많이 눈에 띈다.

그중에서도 가장 관심을 끄는 코스는 역시 평창의 대관령면과 강릉의 성산면을 잇는 13킬로미터의 옛길이다. 이곳에는 1917년 근대적인 신작로가 나기 전까지 오랜 세월 동안 신분의 고하를 불문하고 힘겹게 고개를 넘나들던 길손들의 애환과 발자취가 서려 있다. 과거를 보기 위해 일주일 넘는 한양 길에 나서는 유생에서부터 도내 각 지역의 시장들을 찾아다니던 선질군_{다리 없는 지게를 지고 영동과 영서를 넘나들던 행상인}과 등짐장수, 주인 앞에 쌓인 눈을 밟아주기 위해 따라나선 답설군, 고달픈 삶을 피해 도망치는 노비, 그리고 마음 설레며 시집가는 새색시까지 그 모습이 여럿이었다.

어디 그뿐인가. 고려 말 우왕과 영비가 이성계 일파에 의해 내쳐져 인근 제왕산으로 유배될 때도 이곳을 거쳐 갔으며, 강릉을 떠나 한양 시댁으로 가는 길에 친정어머니를 그리며 눈물로 지은 신사임당의 시 〈유대관령망친정踰大關嶺望親庭〉도 이곳에서 만들어졌다. 이때 어머니를 따르던 어린 율곡이 한 굽이 돌 때마다 곶감 한 접100개에서 하나씩 빼 먹으니 마지막에 한 개만 남았고, 이 때문에 '대관령 아흔아홉 굽이'란 말이 생겼다고 한다. 조선 세종의 처조카이자 문장가였던 강희맹은 이 길을 밟으면서 아찔했던 감회를 다음과 같이 읊었다.

어제 대관령에서 왔는데 昨日曾從大嶺來

만 리 여행길은 양의 뿔을 돌아온 듯 梯羸萬里轉羊角

아스라한 벼랑과 돌길 뒤얽혀 돌기 겁나고 懸崖絕磴怯縈紆

고목과 등나무는 지척도 헷갈린다 古木蒼藤迷咫尺

발밑은 이미 평탄한 길 찾을 것을 알지만 脚底已知尋坦道

꿈속에서 오히려 푸른 절벽 기어오른다 夢中猶覺綠靑壁

온갖 시름은 노성의 봄으로 흩어지니 百憂散盡魯城春

술 놓고 고아한 이야기로 즐거움을 삼는다 置酒高談日爲樂

－《강원도지》(1940년) 중에서

　시대에 따라 대령책, 대령산, 대령으로도 불리던 대관령은 이곳을 스쳐
간 많은 사람만큼이나 각양각색의 사연과 문화와 역사를 담고 있는 스토
리텔링의 보고다. 지금도 강릉지역의 토박이 노인들은 대관령을 '대굴령'이
라고 한다. 너무 험해 대굴대굴 구르기 일쑤였기 때문이리라. 구르는 것을
겨우 면할 정도로 평평한 곳이라 해 굴면이屈面洞, 숙박과 편의를 제공하던
제벵이濟民院, 부임해 올 때와 돌아갈 때 고을 원님을 두 번 울렸다는 원울
이재員泣岾, 대관령 구간의 절반쯤임을 일러주는 반쟁이半程 등의 지명이 지
금도 남아 있어 당시의 어려운 여정을 방증해준다.
　게다가 정도전의 과장된 표현처럼 '고갯마루에서 하늘이 겨우 석 자'밖
에 안 되는 아흔아홉 굽이인데다가, 산세도 워낙 험하고 산림이 울창해 호
랑이에게 피해를 입은 사연들이 '호환虎患 설화'로 심심치 않게 전해온다.
대표적인 것이 강릉에 살던 정씨 처녀가 호랑이에게 물려가 대관령의 여
자 성황신이 된 이야기다.

강릉현에 정씨 성을 가진 미모의 규수가 살고 있었다. 하루는 그녀의 아버지가 꿈을 꾸었는데, 꿈속에 대관령 성황신범일국사이 나타나 딸을 달라고 간청을 하는 것이었다. 그러나 아버지는 "인간이 아닌 신을 사위로 맞을 수는 없다"는 말로 단칼에 거절했다. 그러자 얼마 후 성황신은 자신이 부리던 호랑이를 시켜 규수를 물어오게 해 배필로 삼았다. 이 사실을 알게 된 가족들이 부랴부랴 대관령까지 쫓아가 딸을 찾아냈는데, 육체는 생전 그대로였지만 영혼은 이미 빠져나간 뒤였다. 결국 그녀는 대관령의 여자 성황신이 되었다.

'호랑이가 물어갈 녀석'이라는 경고의 메시지가 가장 두려웠던 시절, 호랑이를 경외의 대상으로 여기고 아흔아홉 굽이의 험한 여정에서 호환을 피해보려는 심리에, 지역의 안녕과 풍요를 바라는 일종의 기복신앙까지 복합적으로 작용한 이야기로 여겨진다.

또한 이곳에는 온갖 신령스런 기운이 서려 있어 영험하다는 소문이 나면서 무속인들 간에는 "대관령을 들르지 않으면 무당 되기 어렵다"는 말이 전해지기도 한다. 신라의 명장 김유신은 젊은 날 이곳에서 무술을 연마하고 삼국 통일 이후에는 강릉 화부산 일대에서 말갈족을 퇴치했다고 해서 대관령 산신으로 모셔진다. 앞의 설화에서 언급된 성황신 범일국사는 강릉 학산마을에서 태어나 신라 말 국사에 올랐던 스님으로, 임진왜란 때는 대관령의 산천초목을 군사로 둔갑시켜 왜적의 접근을 막았다는 전설이 내려오고 있다. 오늘날 유네스코 세계 무형유산으로 선정된 강릉 단오행사는 매년 5월 열리는데, 대관령 산신제에 이어 범일국사 성황신과 여자 성황

• 호환虎患이 얼마나 무서웠기에 이렇게 호랑이가 다닐 만한 길목에다 덫까지 쳐놓았을까? 조상
들의 고육지책이 안쓰럽고도 기발해 보인다.

신정씨 처녀을 모시는 의식으로 시작된다.

　그러나 뭐니뭐니해도 대관령 이야기의 압권은 조선 중종 때의 명신 고
형산과 관련된 일이다. 실록 등 각종 사료에 따르면, 그는 당시 한양에서 벼
슬을 하던 중 횡성에 살고 있는 노모가 병환에 시달리자 사직을 청한다.
이에 그를 아낀 임금은 강원도 관찰사로 임명해 어머니를 보살피면서 백

성을 다스리도록 배려한다. 관찰사로서 각 지역을 순방하다가 대관령 길이 두 명이 메는 2인교 가마 하나가 간신히 지나다닐 정도로 좁은 것을 보고 사재까지 털어가며 수개월 만에 이를 4인교 가마가 통과할 만큼 넓힌다. 지금으로 치자면, 2차선 도로를 4차선으로 확장한 셈이다. 조정으로부터 선정善政을 펼친 목민관으로 칭송받던 그는 이후로도 호조·형조·병조판서와 우찬성 등 고위직을 두루 거치고 76세를 일기로 사망한다.

그가 죽은 지 100년이 훨씬 지난 1636년, 병자호란이 일어난다. 조선 강토가 청나라 군사들의 말발굽 아래 놓이게 되고 '삼전도 굴욕'이라는 인조의 치욕스러운 항복이 있고 나서야 전란은 마무리된다. 이때 지하에 묻혀 있던 고형산에게는 예기치 않은 불운이 닥친다. 1940년판《강원도지》에 따르면 '호란이 발발한 초기, 주문진으로 상륙한 청나라 군대가 대관령을 쉽사리 넘었기 때문에 한양을 조기에 장악할 수 있었다'며, 결국 이 길을 편리하게 닦아놓은 고형산에게 책임이 돌아갔다'고 적고 있다. '도로 확장죄'라고나 할까? 어쨌건 분노한 임금의 명에 의해 횡성에 있던 그의 묘가 졸지에 파헤쳐지는 수난을 당했다. 다행히 그의 공적은 나중에 재평가되고 복권되어 그에게 '위열공'이라는 시호가 내려졌고, 횡성 고씨 후손에게는 고향 마을 사방 10리 땅이 하사되었다고 한다.

다만 여기서 청나라 군대가 대관령을 넘었다는 이야기는, 실제 역사에 그런 사실이 없다는 점에 비추어보면 상당한 오류다. 당시 기록자가 임진 왜란과 병자호란을 혼동한 듯하다는 지적이 있다. 횡성지역과 횡성 고씨 문중에서는 지금도 고형산을 고향과 가문을 빛낸 역사적 인물 중 으뜸으로 꼽는데, 그를 평가한《중종실록》의 내용이 이를 웅변하고 있다.

임금께서 전교하셨다. "판중추부사 고형산이 죽었다니 슬프기 그지 없다. 특별히 부의한 전례를 자세히 조사해 아뢰어라." 이에 사관은 다음과 같이 평한다. 고형산은 본관이 횡성이며 대대로 그 고을에 살았는데, 초야에 있던 사람으로서 성종 때 과거에 급제했다. 처음 에는 이름이 알려지지 않았으므로 으레 그렇듯이 지방 고을에 제 수되었는데 큰 명성과 공적이 있었으며, 만년에는 포부를 펴서 시 행한 것이 많았다. 또 변방의 일에 익숙해 나라의 중신이 되었는데, 성품이 부지런하고 검소하고 수수하며 겉치레가 없는 데다 정성스 런 마음으로 나라에 크게 이바지했다.

동해물과 백두산이 마르고 닳도록

아마도 1993~1994년 무렵이었던 듯싶다. 어느 날 우연히 동해시 한 횟집에서 고 신현확 국무총리 일행과 함께 자리하게 되었다. 그는 최규하 정부 초대 국무총리에 이어 삼성물산 회장까지 지내고 비교적 한가롭게 말년을 보내던 중 바다를 구경하러 왔다고 했다. 고 신 총리는 이런저런 이야기 끝에, 자신을 조선 효종 때 있었던 '나선러시아정벌'의 선봉장 신유 장군의 후손이라고 밝혔다. 혹시 그를 아느냐고 묻기에 내가 생각나는 만큼 이야기를 하자, "젊은 사람이 나보다 내 조상을 더 잘 아네"라며 농담을 건네던 기억이 남아 있다.

그때 오가던 화제 가운데 가장 인상 깊었던 것이 애국가 가사에 관한 것이었다. 그는 "과거 박정희 대통령을 모시던 시절 우리 애국가의 첫 소절이 매우 잘못되었다고 말씀드린 적이 있다"면서 "국운 융성을 기원하고 민족의 원대한 이상을 나타내야 하는 것이 국가國歌임을 고려할 때, 첫머리

가사에서 동해물이 더욱 넘쳐흐르고 백두산은 갈수록 높아간다는 이미지를 담아야지 왜 하필이면 '물은 마르고 산이 닳는다'는 내용을 넣었는지 의문"이라고 주장했다. 합석자들 간에는 그러한 의견을 수긍하는 쪽과, 오히려 "동해물과 백두산이 변할 리 없듯이 대한민국도 영원할 것이라는 의미 아니겠느냐"는 반론까지 상당한 설왕설래가 있었다.

지금 와서 생각해보니 묘하게도 당시 주된 화제였던 애국가는 이미 동해시와 각별한 인연이 있었다. 얼마 전까지만 해도 TV 방송 시작과 끝에 맞추어 나오던 애국가 배경화면의 첫머리가 동해시와 삼척시 경계에 걸쳐 있는 '추암 촛대바위'로 장식되고 있었으니 말이다. 물론 촛대바위가 그때도 TV 배경화면으로 쓰이고 있었는지, 고 신 총리가 그 바위와 애국가의 연관성을 알고 이야기를 꺼냈는지는 알지 못한다.

사실 이 촛대바위는 형상이 기이하기 짝이 없어, 해돋이를 보러 오는 관광객과 사진작가들의 발길이 붐비는 명소다. 여기에 얽힌 전설이 흥미롭다. 옛날 한 어부가 아내와 살고 있었는데 어느 날 천하일색인 여인을 만나 소실로 들였다. 본처는 이를 못마땅히 여겨 구박하고 소실도 지려 하지 않아 둘은 만나기만 하면 으르렁거렸다. 이런 추한 꼴을 보다 못한 하늘이 두 여인을 모두 데리고 갔다. 졸지에 홀로된 어부는 여인들을 그리워하다 급기야 차디찬 돌로 변해 촛대바위가 되었다는 것이다.

전설의 영향인지, 아니면 하늘을 향해 20미터가량 솟아 있는 그 기암을 남근男根으로 형상화한 탓인지는 몰라도 여인들과 결부된 이야기가 줄을 잇는다. 15세기 강원도 관찰사로 왔던 한명회는 추암의 풍광을 관동팔경의 대표적 경승지인 강릉 경포대나 통천 총석정과 견주면서 이름도 추암

• 정홍래의 〈욱일호취〉. 뒤늦게 하나의 도시로 출발한 동해시의 통합적 비전과 웅지를
상징하는 듯, 새로 떠오르는 아침 해를 맞는 바다 매의 기상이 상서롭다.

대신 '능파대凌波臺'라 부른다. '파도가 느릿느릿 오가는 곳' 정도로 이해하면 될 것을, 사람들은 또다시 멋스러운 해석을 내놓는다. '아름다운 여인이 물결 위를 사뿐사뿐 걷는 모습'이라고 말이다. 고려 말 삼척 심씨 시조이자 예의판서를 지낸 심동로는 아예 해암정이라는 정자까지 지어놓고 일출을 즐겼다 하니, 온갖 미사여구로도 부족했으리라. 오늘날 이곳은 드라마 〈겨울연가〉에서 주인공이 사랑하는 여인과 이별의 아픔을 연출한 장소로 유명하다.

이러한 명승지가 있는 동해시의 화두이자, 지역 이미지는 '화목과 통합'이라는 것이 내 생각이다. 애국가가 국민통합을 위한 노래인 것처럼, 촛대바위 전설이 주는 교훈도 결국 두 여인 간의 화목이 아니겠는가? 자칫 억지스러운 논리로 비칠 수도 있겠으나, 이를 뒷받침해줄 사연은 지역 내에 즐비하다.

우선 동해시는 지난 1980년 4월 우여곡절 끝에 당시 강릉의 남쪽과 삼척의 북쪽 일원이 합해진 신도시로 출범했으니, 소속감이 다른 주민 간의 화합이 급선무였다. 출범 초기 무엇보다 '나는 강릉사람, 나는 삼척사람'이라는 의식이 단합의 걸림돌이었지만, 각계의 부단한 노력으로 이를 조기에 극복함으로써 명실상부하게 애국가의 첫머리를 장식하는 동해안 지역의 중심도시로 자리 잡게 되었다.

또한 1998년 금강산 관광 길이 열리면서 동해항이 출항지가 되었을 때, 통일의 기대감은 최고조에 달했다. 나중에 출항지가 속초로 바뀌고, 남북 관계 경색의 여파로 지금은 관광 자체도 중단된 상태이긴 하지만, 50여 년 가까이 굳게 닫혔던 북한의 출입문을 최초로 열어젖혔던 상징성만큼은 여전히 살아 있다.

한편 과거에서도 이 고장이 지닌 화합의 정신과 전통을 찾을 수 있다. 영동지역 중심 사찰 중 하나로 동해시 삼화동에 자리하고 있는 '삼화사三和寺'에 얽힌 사연이 그것이다. 신라시대 자장율사가 지었다고 전하는 삼화사에는 여러 창건설화가 있다. 그중 이 사찰의 내력을 밝힌《삼화사고금사적》의 기록이 비교적 상세하다.

오랜 옛날 인도로부터 약사불 삼형제가 도착했다. 큰형 부처는 검은색, 둘째는 푸른색, 셋째는 금색의 연꽃을 들고 있었다. 두타산을 둘러본 후 삼화촌, 지상촌, 궁방촌 지역에 차례대로 자리 잡았다. 많은 사람이 모여들어 제자가 되었으며 각기 자신들의 스승을 모시기 위해 절을 지었는데, 큰형의 것은 흑련대, 둘째는 청련대, 셋째는 금련대라 했고, 뒷날 삼화사, 지장사, 영은사가 되었다. 부처 삼형제는 우애가 지극해 제자들이 깊은 감화를 받으니 자연히 지역 인심도 순화되었다. 어느 날 큰형이 "이곳은 이제 되었으니, 다른 데로 교화하러 가자"고 말한 후 모두 조용히 사라졌다. 마을 사람들은 세 부처가 떠난 후에도 오래도록 그 가르침대로 부모에 효도하고, 형제 간에 우애하며 이웃 간에 화목하는 생활을 이어갔다.

한편, 조선 성종 때 편찬된《동국여지승람》에서는 이 설화에 나오는 세 명의 부처 대신 삼신인三神人을 등장시킨다. 이들이 머물렀다고 해서 '삼공암'이라 불렀는데, 훗날 고려 태조 왕건이 후삼국 통일은 부처님 은덕에 힘입은 바 컸다며 사찰의 이름을 삼화사, 즉 '민족의 화합을 이루게 한 절'이라고 칭하게 했다는 것이다.

　이러한 '한민족 통합'이라는 원대한 메시지는 고려 때 편찬된 역사서, 이승휴의 《제왕운기》에서 절정을 이룬다. 이 책은 한반도와 요동 일대에 나타났던 신라, 고구려, 백제는 물론이고 남·북옥저, 동부여, 예맥 등 역대 왕조들을 모두 '단군의 후예'라고 규정하고 발해까지 우리 역사에 포함시켰다. 이로써 한민족을 변방이 아닌 동아시아 중심 세력으로 부각시켰다. 나아가 그간 흩어져 있던 왕조별 시조설화를 하나로 묶는 '민족공동시조론'을 주창했다. 당시는 고려가 원나라의 집요한 간섭을 받던 준식민지 상태로, 반원적 성향이 강했던 저자 이승휴에게는 무엇보다 '민족혼 되살리기'의 필요성이 무겁게 다가왔을 것이다. 이에 따라 그는 민족의 공동시조인 단군에 대해 '수미산을 다스리는 천신의 손자요, 환웅의 아들'이라고 단정하고 있다. 수미산이란 고대 인도인들이 상상한 천하의 중심으로 네 개의 대륙, 아홉 개의 산, 여덟 개의 바다를 아우르는 80만 킬로미터 높이의 산을 말한다.

　유교 경전을 공부하며 과거에 급제했던 이승휴가 이처럼 불교적 우주관과 세계관에 입각해 역사를 기술하게 된 것은 다분히 이곳 삼화사와의 인연 때문이다. 고려 원종 시절 40세 때 관직에 오른 그는 외교관 등으로 활동하면서 원나라에 필명을 날리기도 했다. 그러다 조정 내 세력 다툼에서 밀려나 외가가 있는 삼척으로 낙향한다. 태백산맥의 지맥인 두타산 밑 구동 마을에 용안당현재 삼척시 천은사 일원이란 거소를 차려놓고 칩거하면서 인근 삼화사에서 빌려온 불경을 10여 년간 독파한 끝에 불서 《내전록》과 《제왕

• 안견의 〈몽유도원도〉. 안평대군은 꿈속에서 신선이 사는 무릉도원을 보았다는데, 이곳 동해 무릉계곡의 신선은 어디에 있는 것일까? 속인들의 눈에야 잘 띄지 않겠지만….

운기》를 집필하게 된다. 그의 불교적 소양은 삼척·동해지역에서 오랫동안 삼화사의 경전을 탐독한 데서 비롯된 것이다.

이승휴는 지금의 경북 성주지역에 해당하는 고려의 경산부 가리현 태생이지만, 아버지가 사망한 뒤에는 어머니의 고향인 삼척 구동으로 이주해 살다 77세에 타계한 인물로, 가리 이씨의 시조다. 후손은 번창하지 못했는지, 오늘날 인구가 2000년 기준 총 666가구 1,956명에 불과한, 매우 드문 성씨다.

화합의 사찰 삼화사가 자리한 무릉계 또한 예사롭지 않다. 중국 동진의 시인 도연명이 화목과 평화의 이상향으로 묘사한 '무릉도원'에서 따온 이름이다. 이곳에는 다른 어디에도 없을 법한 커다란 너럭바위 무릉반석 하나가 눈길을 끈다. 평평한 바닥 면적이 6,600여 제곱미터로 1,000명 정도는 충분히 앉을 수 있다고 한다. 그 옛날에도 수많은 풍류객들이 자신의 방문

사실을 후세에 알리기 위해서였는지 온갖 이름, 시구 등 이런저런 흔적들이 어지럽게 새겨져 있다. 이를 보면 우리 민족의 낙서병은 가히 유전적인 것 같다.

특히 눈길을 사로잡는 것은 '무릉선원 중대천석 두타동천武陵仙源 中臺泉石 頭陀洞天, 무릉은 신선이 놀던 곳, 너른 바닥에 샘솟는 바위, 번뇌를 떨치는 계곡'이라고 새겨진 양사언의 필적이다. 그는 우리 귀에 익숙한 시조 '태산이 높다 하되 / 하늘 아래 뫼이로다…'의 작자요, 한석봉·김정희와 함께 조선의 3대 명필가이며, '초선草仙, 초서의 신선'이라 불린다. 그가 무릉반석에 일필휘지하자, 산천이 필력에 놀라 사흘 동안 흔들렸다는 전설이 내려온다. 금강산 만폭동 바위에 '봉래풍악 원화동천蓬萊楓嶽 元化洞天'이라고 썼을 때도 사흘간 산울림이 있었으며, '만폭동 구경 값이 1,000냥이면, 그중 500냥은 양사언의 글씨 값'이라는 이야기가 전하니, 대단한 명필이었음이 틀림없다.

동해시의 평화 이미지를 안고 있는 또 하나의 명소는 심곡마을이다. 학창 시절 달달 외운 덕으로 지금도 단숨에 읊을 수 있는 '동창이 밝았느냐 노고지리 우지진다 / 소 치는 아이는 상기 아니 일었느냐 / 재 너머 사래긴 밭을 언제 갈려 하나니'라는 권농시조가 탄생한 곳이다. 물론 시조 탄생지에 대해서는 경기도 용인시와 충남 홍성군도 고향 또는 생가 소재지 등 유력한 이유를 들어 연고를 주장하고 있다.

이 시조를 지은 남구만은 조선 숙종 때 영의정을 지낸 인물로, 장희빈 측을 견제하다 1689년 강릉으로 유배되었다. 환갑이 넘은 몸을 이끌고 귀양을 왔으니 몸과 마음이 극도로 피폐한 상태였다. 이런 그가 오래지 않아 병든 심신을 추스리고 시문까지 즐기는 여유를 얻을 수 있었던 것은 지금의 망상해수욕장 인근에 있는 동해시 심곡마을에 머무르면서부터였다. 평화롭기 그지없는 주변 풍광과 순후한 인심, 그리고 게으른 농부들의 목가적인 모습들을 보면서 여유를 얻은 그는 점차 이곳 마을 사람들을 가르치는 열정까지 보이게 된다. 그는 1년여 만에 귀양에서 풀려나 다시 조정으로 올라갔다. 그의 사후 향민들은 아호를 따서 '약천사'란 사당을 세워 기리는 가운데, 그가 물끄러미 쳐다보았을 '발락재 재 너머'와 '장전 사래 긴 밭' 등은 300년이 훌쩍 지난 오늘도 자리를 지키고 있다.

어찌 그뿐이랴. 그 옛날 송강 정철이 관찰사가 되어 각 지역을 순유할 때 만나 사랑에 빠졌으나 떠나보낼 수밖에 없었던 삼척의 관기 소복을 그리며 상념에 젖어 바라보던, '망상'의 동해 또한 애국가 첫 소절처럼 마르기는커녕 여전히 넘실대고 있다.

가까이 있을 그 여인을 상서롭게 바라보나 咫尺仙娥一望祥

구름으로 덮인 푸르른 바다만 망망하도다 碧雲迷海信茫茫

이곳 와보니 삼척 진주 길 잘못 든 듯하고 如今悔踏眞珠路

어찌 길손의 애간장은 이리도 타는가 錯使行人也斷腸

오는 수령 가는 수령, 함께 울던 고갯마루

춘천은 순우리말로 하면 '봄내'다. 그곳에 살면서 '왜 하필이면 봄일까?' 하고 생각해보곤 했다. 겨울이 너무 춥고 길게 느껴져 따뜻한 기운이 빨리 오기를 바라는 역설적 표현이거나, 이곳을 두른 호반의 정취가 봄과 가장 잘 어울리기 때문이라는 것이 나름의 결론이었다. 여하튼 봄이 상징인 만큼 1930년대 춘천 실레마을 출신인 김유정의 대표작이 《봄봄》인 것도 납득이 간다. 잘 알려진 바와 같이 그는 고향과 농민들의 토속적인 삶을 그려 주옥같은 작품을 남긴 소설가다. 그의 문단 내 높은 지명도를 감안해 지난 2004년부터 우리나라 최초로 기차역에 특정 인물의 이름을 붙였으니, '김유정역'이다.

한편 이중환의 《택리지》 '복거총론'에는 지리地理, 생리生利, 인심人心, 산수山水 등 네 가지를 낙토樂土의 조건으로 삼고 있는데, 춘천은 이러한 요건을 대부분 충족하고 있다. 이처럼 수려한 자연환경과 푸근함 때문인지 이곳에서 직장 생활을 한 사람들 중에는 퇴직 후 다시 돌아와 살겠다는 이가 많다. 이러한 느낌은 이제 이야기하려는 석파령의 내력을 살펴보면, 과거에도 비슷하지 않았나 싶다.

석파령이란 경춘가도나 경춘고속도로가 생기기 훨씬 전에 서울 – 춘천간 유일한 소통 육로로 매우 협소하고 위험하기 짝이 없던 산길이었다. 그나마 사람들이 오갈 수 있도록 길이 닦인 것은 1647년 춘천부사 엄황에 의해서였다. 그는 길을 정비한 뒤 "나는 장차 이 고장에 은거하려 한다"고 고백하고, 스스로《춘천지》라는 책을 펴낼 만큼 각별한 애정을 갖고 있었다. 당시는 춘천에서 한양을 가려면 북한강 모진강과 소양강이 만나 내를 이룬 신연강을 배로 건너 의암댐에서 화천 방향으로 1킬로미터 지점쯤에 있는 덕두원에 다다른 뒤 삼악산 줄기를 따라 당림리라는 곳으로 넘어가야 했다. 지금이야 인기척 없는 한적한 길이 되었지만, 당시에는 사람들이 제법 붐벼 주막이 즐비하고 산적도 심심치 않게 출현하는 곳이었다. 조선 중기의 대표적 문신으로, 우리의 귀에 익은 시조 '가노라 삼각산아 / 다시 보자 한강수야'를 지은 김상헌은 석파령을 다음과 같이 묘사하고 있다.

> 춘천부사로 있던 조카가 말을 보내왔다. 석파령을 넘자니, 고갯길이 가파르고 비좁아서 겨우 말 한 마리만 지날 수 있었으며, 숲은 울창하고 골짜기는 깊어 눈이 어지럽고 심장은 떨렸다. 신연강을 건넌 다음 봉황대를 바라보았더니, 소양강의 서쪽 물가에 있어 자못 아름다움이 있었다.

• 소양정의 내력은 삼국시대까지 거슬러 올라간다. 오늘날 봉의산 기슭에 자리 잡기 전, 소양강 변을 품에 안은 옛 모습이 절경으로 그리움을 더한다.

석파령席破嶺은 '자리를 깨트린 언덕'이란 뜻이다. 옛날 조정에서 춘천 부사가 새로 임명되면 퇴임하는 부사는 한양으로 올라가는 길목인 석파령에서 후임부사를 맞는다. 이때 가지고 가는 물건이 돗자리다. 고갯마루에서 이 돗자리를 둘로 쪼개 신·구 부사가 하나씩 깔고 앉는다. 여기에 대해서는, 고갯길이 워낙 좁아 돗자리 한 개를 반으로 잘라 쓴다는 밋밋한 해석도 있지만, 정든 임지를 잘 다스려 줄 것을 신임 부사에게 부탁한다는 뜻과, 앞으로의 노고를 미리 위로하려는 마음의 배려라는 추론이 더욱 의미 있어 보인다.

어찌 되었든, 간단한 주연을 겸해 업무 인계인수를 한다. 우선 거북이 형상을 한 지방 관아의 직인印信을 넘겨주는 교구交龜 순서에 이어 지금 현안은 무엇이고, 관아의 재정 상태는 어떻고, 인심은 어떻고, 지역유지 누구는 어찌 다루어야 하고, 이방은 잔머리를 잘 굴리니 조심해야 하고 등등 세부 설명이 이어진다. 이처럼 조촐하면서도 풍류 어린 행사가 이루어지기 위해서는 좁다란 길 언저리 어딘가에 근사한 정자 하나 있었을 법하다.

인수인계가 진행되는 동안, 떠나는 부사나 새로 오는 부사 모두 겉으로는 자못 진지한 자세를 보이지만 속으로는 울고 있었을 것이다. 지금이야 춘천 하면, 서울의 동쪽에 사는 주부들은 평일 낮에도 승용차나 새로 개통된 복선 전철 편으로 점심때 막국수 한 그릇 먹으러 횡허케 다녀올 정도가 되었지만, 그 시절 새로 부임하는 부사는 '내가 뭘 잘못했다고 이리도 숭악한 산골로 보냈는가?' 하는 원망스러운 마음이 가득했을 것이다. 반면 이임하는 부사는 '정녕 이렇게 정들고 살기 좋은 곳을 떠나야 하나? 이 땅을 언제나 다시 밟을 수 있을까?' 하는 회한 속에 지난 일들이 주마

등처럼 스쳐 지나가면서 하염없이 서글퍼졌을 것이다.

이러한 이중적인 심사는 조선시대 명신 상촌 신흠의 경우도 마찬가지였다. 그는 광해군 시절, 영창대군을 옹립하려 했다는 죄를 뒤집어쓰고 춘천으로 내쳐진다. 가는 곳이 수춘壽春, 춘천의 별명으로 결정되자, '내 듣기로 석파령 고개 아득하고/ 높은 곳은 하늘로 우뚝 솟았다는데'라는 즉흥시를 지어 암담한 심경을 토로하기도 했다. 하지만 막상 춘천에 도착해서는 '산수 뛰어난 고을에 몸을 의탁하게 되니/ 나이 들어 이 또한 훌륭한 일寄此山水鄉 遲暮眞良計'이라며 이내 평정심을 되찾고 많은 시문을 남겼다. 인조반정 후정계에 복귀한 그는 결국 영의정에까지 오르고 조선시대 '4대 문장가'라는 칭호도 얻게 된다. 그의 문학적 성장 또한 이곳 춘천에서 보낸 유배 생활이 오히려 큰 도움이 된 것은 아니었을까?

신흠이 지은 〈소양죽지가〉의 1장과 3장 내용이다.

석파령 언덕 위로 해가 저무니 席破嶺頭日欲落

신연강 어귀에 길손도 드물구나 新淵江口行人稀

짧은 돛대와 가벼운 노가 물결 가르고 短檣輕柵亂波去

저 멀리 봉황대 밑 낚싯대를 가리키네 遙指鳳凰臺下磯

물 불어 다리 아래 여울이 사라지고 水大已無橋下灘

빗속 어둑하니 청평산도 보이지 않네 雨昏不見淸平山

호숫가 주막들은 말만큼 작아 보이는데 湖邊列店小如斗

밤 깊어 사립문 물굽이에 잠기었도다 半夜柴扉純浸灣

• 새로 부임해오는 수령을 맞으러 가는 관기의 모습이다. 잘 보이기 위함인지 잔뜩 모양을 내 차려입었으나 어쩐지 그 표정에는 반가움보다 긴장감이 역력하다.

여하튼 강원도는 산세가 험한 반면 인심이 넉넉해서인지 그 옛날 고을 수령들이 울면서 왔다가 울면서 떠나갔다는 이야기가 유독 많다. 험준한 준령들이 즐비한 영월과 정선에서도 "이곳에 부임하는 지방관들은 두 번 운다"는 말이 전해온다. 특히 강릉의 초입인 대관령에는 앞서 잠시 언급한 대로 '원님이 눈물을 흘린 고개'라는 의미의 원읍현員泣峴, 속칭 원울이재가 있다. 《동국여지승람》에서는 '원읍현은 강릉대도호부 서쪽 41리에 있으며 대관령 중턱이다. 세간에서 말하기를 어떤 원님이 강릉부사로 있다가 교체되어 돌아가던 중 이곳에 다다라서 되돌아보고는 슬프게 눈물을 지었다고 해서 원읍현이라고 한다'고 적고 있다.

옛날 수령들의 이야기가 나오니, 수년 전 후배 동료와 객담을 주고받던 일이 생각난다. 결혼을 앞두고 청첩장을 가져온 그에게 축하하는 마음으로 가볍게 물었다. "부인 되실 분은 뭐해?" 그냥 "신부는 뭐하는 사람이냐?"고 했어야 했는데 딴에는 점잖게 질문을 한 게 사단이었다. 후배가 답하기를 "제 부인 될 사람은 ○○에 다니고 있습니다."

듣기가 어색해 방금 말한 '부인'을 한자로 한번 써보라고 하자 멈칫하더니 '婦人'이라고 썼다. 그가 두고두고 실수할 듯하고, 후배의 실수를 일러주는 게 선배의 도리일 것 같아 설명해주었다. "내가 질문했던 '夫人'이란 남의 아내를 높여 부르는 말이고, 네가 썼던 '婦人'은 그저 결혼한 여자를 의미하는 것이다." 흥미가 있었던지, 그가 여러 질문을 쏟아내던 중 '영부인' 이야기에까지 미쳤다. 한번 써보라고 하니 대통령 부인 즉 '領夫人'이란다. '令夫人'이 맞는 것이라고 하자 유래를 캐묻는다. "여러 설은 있지만 옛날 부사, 군수, 현감 등 지방관의 별칭인 '원님' '사또' 또는 '수령'의 부인을 부르던 것이 정확한 유래"라고 설명해주면서 "지금은 그저 남의 아내에 대한 존칭으로 인식되고 있으니 대통령 부인을 일컫는 표현으로는 적절치 않은 것 같다"고 덧붙였다. 후배는 "가끔 TV 등을 보면, 일부 출연자는 물론 심지어 자막에까지 자신의 아내를 '우리 부인은…'이라고 하는 경우를 많이 보았다"면서, 여러 가지를 알게 되어 고맙다고 인사를 했다.

요즘 어쩌다 그 후배를 만나면, 인사를 툭 던진다. "부인께서는 안녕하신가?" 그러면 그가 답례한다. "예, 제 아내 잘 있습니다." 남들은 알 턱이 없는 그때의 사연을 떠올리며 서로 피식 웃고 지나친다. 마치 춘천 석파령 고개에서 가는 수령, 오는 수령이 이심전심으로 똑같이 속눈물을 흘렸던 것처럼 말이다.

조용히 살고파라, 강촌에 살고 싶네

1965년 어느 날 중년의 한 남자가 사업차 춘천에 들렀다가 서울로 돌아가는 버스에 몸을 실은 채 차창 밖으로 스치는 북한강 줄기에 눈길을 주고 있다. 한참 가던 중, 강 너머로 깎아지른 듯한 절벽 위에 아슬아슬하게 걸쳐 있는 초라한 역사가 눈에 들어온다. 2010년 12월 경춘선 복선전철 개통으로 이제는 폐쇄된 옛 강촌역이다. 그 모습이 신기하기도 하고 주변 풍경이 너무 아름답다고 느낀 나머지, 앞뒤 생각 없이 중도에 차에서 내린다. 당시는 1970~1980년대 뭇 젊은이들의 가슴에 아련한 추억으로 새겨져 있는 출렁다리마저 놓이기 10여 년 전이었기에, 나룻배를 어렵사리 수소문해 강을 건넌다.

땅거미가 찾아들기 시작하는 저녁 무렵, 역사 주변의 여인숙을 잡고는 호롱불 밑에서 언뜻 떠오르는 상념을 종이에 옮긴다. 그렇게 밤을 보내고 아침 일찍 강가로 나가 가지를 늘어뜨린 버드나무와, 물안개를 헤치고 날

• 30~40여 년 전 이곳을 찾았던 수많은 젊은이들의 가슴을 뛰게 한 출렁다리는 이제 그 시절을 추억하는 이들에게 잔잔한 그리움으로 남아 있을 뿐이다.

아오르는 이름 모를 새들을 바라보며 미처 완성하지 못한 시상을 채운다.

날이 새면 물새들이 시름없이 날으는

꽃피고 새가 우는 논밭에 묻혀서

씨 뿌려 가꾸면서 땀을 흘리며

냇가에 늘어진 버드나무 아래서

조용히 살고파라 강촌에 살고 싶네

해가 지면 뻐꾹새가 구슬프게 우는 밤

희미한 등불 밑에 모여 앉아서

다정한 친구들과 정을 나누고

흙내음 마시며 내일 위해 일하며

조용히 살고파라 강촌에 살고 싶네

이 글을 쓴 사람은 작사가 김성휘다. 그는 북 강원도 원산에서 내려온 실향민이었는데, 이때부터 강촌에 매료되어 강촌을 '제2의 고향'으로 삼아 자주 찾곤 했다. 가사는 4년 뒤 작곡가 김학송에게 넘겨져 편안한 멜로디와 〈강촌에 살고 싶네〉라는 향토색 짙은 제목이 붙여졌고, 국민가수 나훈아가 노래를 부르면서 큰 인기를 모으게 된다. 오늘날 대다수 최신 대중가요의 생명력이 1년을 채 넘기지 못하는 것과는 달리, 40여 년이 지난 지금도 국민의 애창곡으로 사랑받고 있다.

그동안 노래 제목에 나오는 '강촌'이란 지명에 대해서 일반적으로 말하는 '강가 마을'이라는 설과, '춘천의 강촌지역'이라는 주장이 맞서왔으나, 김성휘가 후자임을 확인해줌으로써 논란은 잠재워졌다. 이에 따라 지난 2005년 강촌 어귀에 노랫말이 새겨진 노래비를 제작해 세워놓았다. 안타깝게도 내가 수차례 지켜본 바로는, 강촌이 '청춘과 낭만의 파라다이스'로 수많은 젊은이가 오가는 관광지임에도, 노래비에 관심을 보이는 경우는 극히 드물었다. 춘천 사람들조차도 이러한 사연과 유래에 대해 아는 이가 그리 많지 않을 터이니 할 말은 별로 없을 듯하다.

행정구역상 춘천시 남산면 강촌리는 물가의 마을이라는 의미에서 '물깨말'이라고 했다. 이곳의 또 다른 명물은 구곡폭포와 문배마을인데, 여기에는 외진 시골 동네답지 않게 많은 역사적 사연들이 담겨 있다.

우선 구곡폭포는 물줄기가 아홉 굽이를 돌아 50여 미터 아래로 쏟아져내리는 장관을 연출하는 관광명소다. 《삼국사기》를 보면 백제 온조왕이 낙랑의 우두산성을 공격하려고 구곡에까지 이르렀지만 큰 눈을 만나 되돌아올 수밖에 없었다는 기록이 나온다. '구곡'이 어디를 지칭하는지에 대해서는 설왕설래가 있었으나 다산 정약용은 〈산수심원기〉라는 기행문에서 '구곡의 속명은 방아올方阿兀'이라며, 남이섬 아래에 있는 지금의 강촌 일대를 지목했다. 이것이 사실이라면, 구곡이라는 지명은 무려 2,000년이 넘는 유구함을 간직하고 있는 것이다.

또 하나 흥미로운 것은 백담사 중창설화와 연관되어 있는 점이다. '옛날 낭천현지금의 화천에 비금사라는 절이 있었다. 주위에 산짐승이 많아지자 사냥꾼이 몰려들고 살생으로 산수가 부정해졌음에도, 승려들은 이를 모른 채 여전히 근처 샘물을 길어 부처님께 공양했다. 이를 보다 못한 산신령이

• 정선의 〈고사관폭〉. 신선을 닮은 자세로 앉아 쉼 없이 쏟아지는 물줄기를 하염없이 바라보는 저 문사文士의 심사에는 무엇이 굽이치고 있을까?

하룻밤 사이에 이 절을 설악산 한계사 터로 옮겨버렸다. 이 과정에서 절에 있던 절구 하나가 춘천 인근에 떨어져 절구골짜기가 되었다.' 이곳이 바로 구곡臼谷이라는 것이다.

한편, 구곡폭포가 자리하고 있는 문배마을은 6만 6,000여 제곱미터의 분지에 형성되고, 소설악이라는 별칭을 갖고 있을 정도로 산속 깊은 곳에 위치해 6.25 전쟁 때도 이곳 사람들은 전쟁이 난 사실도 모르고 지나갔다는 이야기가 전설처럼 내려온다. 마을의 유래에 대해서도 '문배나무가 많았기 때문'이라거나 '지형이 거룻배를 닮았다는 데서 비롯되었다'는 등의 주장이 있다. 풍수에 밝은 이곳 노인들에게도 '문배마을의 형세가 배를 닮아, 땅에 구멍을 뚫으면 좋지 않은 일이 생긴다'는 믿음이 내려온다.

또한 '글을 많이 읽는 남자' '학문이 깊은 자'라는 뜻의 '문보文甫'라는 이름으로도 불리는데, 오랜 역사의 흐름 속에서 많은 명망가들이 이런저런 이유로 권좌에서 물러나 은둔한 데 따른 것이라는 해석이 나오고 있다.

그러던 중 1895년 을미사변 당시 이 고장 출신으로 춘천지역의 의병장이었던 습재 이소응의 한시 〈문폭유거文瀑幽居〉와 〈문폭잡영文瀑雜詠〉이 발견되면서, 지금의 구곡폭포가 본래 문폭文瀑이라고 불렸고, 문배文背마을도 문폭의 뒤에 있다 해서 그런 이름이 붙었다는 추론이 힘을 얻게 되었다. 그러면, 문폭이란 어떤 폭포를 말하는가? 사전을 보면, '문文'자는 글월을 비롯해 10여 개가 넘는 의미를 담고 있다. 이중 '화려한 외관' 또는 '아름답다'는 뜻을 취하면, 결국 '아름답고 화려한 폭포' 정도로 해석될 수 있으리라.

이곳에 문폭이 있으니 此地有文瀑

깊어서 은거하기 매우 좋구나 窈窕何其幽

골 안은 맑은 날도 천둥치며 洞裏晴雷殷

물보라는 햇빛으로 오색 무지개를 만드네 日下丹霞浮

사시사철 풍경을 찾아다니며 四時訪風景

거닐면 마음이 설레고 徜徉意難收

계곡물 따라 끝까지 가보면 逐流到窮源

마을이 평지에 펼쳐진다 有村開平疇

샘물은 달고 토지는 비옥하며 泉甘而土肥

산은 거룻배처럼 둥글게 둘러쳤다 山環似巨舟

-〈문폭유거〉 중에서, 허준구 옮김

고려 충신들의 두문불출과 정선아라리

남북이 함께 참여하는 국제 스포츠 행사 때마다 늘 단일팀 또는 공동응원단 구성 문제가 이슈로 떠오른다. 이런저런 이유로 결렬되는 경우가 태반이긴 하지만 1998년 하계유니버시아드 게임 때처럼 전격 성사되어 분위기를 한껏 돋우는 경우도 있다. 이때 팀의 명칭이나 응원가에는 으레 '아리랑'이 단골 메뉴가 된다. 남북 간에 보이지 않는 기 싸움이 펼쳐지는 가운데서도 양측 모두 특별한 거부감 없이 받아들일 수 있기 때문이다. 이는 아리랑이 남북 분단보다 훨씬 이전, 오랜 옛날부터 우리 역사와 함께해왔고 고단한 민초들의 억척스런 삶과 희로애락을 대변해왔음을 방증하는 것이다.

현재까지 채록된 아리랑은 총 60여 종 3,600여 수에 이른다고 한다. 경기도 긴아리랑, 경상도 밀양아리랑, 전라도 진도아리랑, 강원도 정선아리랑, 충청도 공주아리랑, 제주도 조천아리랑, 평안도 서도아리랑, 함경도 단천아리랑 등 전국 각 지방에 전래된 것은 물론이요, 해외 동포들이 많이 거주하는 중국의 독립군아리랑, 러시아의 사할린아리랑, 일본 이츠키아리랑 그리고, 뗏목아리랑, 종두아리랑, 한글아리랑, 의병아리랑 등 그 수를 헤아리기 어려울 지경이다.

이중 정선·밀양·진도아리랑은 우리나라 3대 아리랑으로 꼽히고 일반 사람들의 귀에도 가장 익숙하다. 특히 정선아리랑은 '아라리'로 불리기도 하는데, 가사 수가 가장 많고 전승 보존이 잘된 것으로 알려져 1971년에 강원도 '무형문화재 제1호'로 지정되었다. 또한 우리나라 아리랑의 원조 격으로 일컬어질 만큼 역사가 오래된 데다 노래가 탄생된 사연 역시 기구하다.

지금부터 600여 년 전인 조선 초기 고려의 충신 72명은 역성혁명으로 새 왕조를 세운 이성계 일파의 온갖 회유에도, "두 임금을 섬길 수 없다" 며 개풍군 광덕산 두문동에 틀어박힌 채 초근목피로 연명한다. 이에 집권 세력들은 더 이상의 설득이 소용없다고 판단하고 일대를 불바다로 만들어 태워 죽였다. 그 이후로 '두문불출'이란 말이 생겨났다고 한다. 이때 일곱 명은 불길을 피해 요행히 그곳을 빠져나와 정선군 남면 낙동리 산골로 피신해 살았다고 해서 후세에 '고려유신 7현'으로 불린다. 은둔 장소는 '거칠현동居七賢洞'이라 명명되고, 마을 입구에 그들의 충절을 기리는 '칠현사'가 세워진다.

이들은 당시 비슷한 처지에 있던 여주의 이색이나 원주의 원천석 등과 교류하면서 아침마다 고려 관복 차림으로 개경을 향해 절을 올리고, 중국 상나라를 패망시킨 주나라에 반대해 고사리를 캐 먹다 굶어 죽었다는 백이와 숙제의 고사를 새기며 마음을 다잡곤 했다. 자신들이 은거하던 산을

• 이명기의 〈죽림칠현도〉. 중국 진나라의 7현은 대나무 아래에서 청담淸談과 맑은 술로 세월을 보냈다지만, 고려유신 7현은 초근목피와 망향의 비통함에 절규했으리라.

'백이산'이라 부르던 그들은 그렇게 산나물과 나무껍질에 의지하면서 기약 없는 나날을 이어갔다. 다음은 '7현' 중 대표격인 전오륜의 시문이다.

동쪽으로 왔어도 여전히 고려 관복을 입고 東來朝服在臣身

송도를 생각하면 두건에는 눈물만 가득 遙望松京哭滿巾

옛적 당우시절은 갔지만 편안하기만 하네 唐虞世遠吾安適

머리 들어 서산 바라보니 티끌과 먼지뿐 矯首西山繼絶塵

이들이 당초 정선으로 숨어들게 된 것은 7현 중 한 사람인 고려 말 중신 전오륜의 연고지, 즉 정선 전씨 조상의 고향이기 때문이었다. 이러한 연유로 전오륜의 후손들은 조선시대 내내 핍박과 가난에 찌든 삶을 이어간 것은 물론이요, 전주 이씨와는 혼인도 하지 않을 만큼 철저히 척지고 살았다. 조정에 출사하지 않는 가풍 탓에 일부 작은 고을 수령 정도를 지낸 것 외에는 크게 출세한 사람도 없었다.

간혹 벼슬에 뜻을 두고 있던 사람들마저 번번이 과거에 낙방하자, 처가나 외가의 성을 빌려 급제했다가 실체가 드러나 파직되기도 했다. 호가 '고사리 뜯어 먹고 사는 사람'이라는 뜻으로 채미헌採薇軒이라 불린 전오륜은 사후 경남 거창에 묻혔으나, 1980년대 말 합천댐이 생기면서 무덤이 물에 잠기게 되자, 문중 회의 끝에 정선으로 이장했다. 한때 전두환 전 대통령이 조부 묘소를 옮겼다는 세간의 풍문은 여기서 비롯되었다. 그가 백담사에 유배되어 있던 시절의 이야기다.

정선의 적막강산에 은거한 7현은 불사이군不事二君의 굳센 충절에도 가족에 대한 그리움, 망향의 설움 등은 달랠 길이 없었다. 이때 할 수 있는 일이라곤 참담한 심사를 한시로 담아내는 일뿐이었다. 그들은 주로 〈도원가곡〉을 읊었다고 한다. '아라리 아라이 아나이요 아의랑 고계로 나모간다我羅理 啞哦羅肆 餓慄粲要 哦義朗 古稽露 懶慕艱多', 곧 '벙어리 되기를 배우고 배고픔을 이겨내며 의로움을 세우려 하나 옛날을 생각하니 눈물이 흐르고 어려웠던 기억들도 아련히 다가온다'는 뜻이다. 이를 지방 유생들이 알기 쉽게 풀어 민간에 알리자 일반 백성들도 자신들의 고된 삶에 빗대어 노래로 만들어 구전되니, 이것이 정선아라리의 시원始原이다. 이러한 연유 때문인지, 정선아라리 '수심 편'의 대표적인 노랫말을 보면, 어둡고 구슬픈 느낌이 절절하게 다가온다.

> 눈이 올라나 비가 올라나 억수장마 질라나
> 만수산 검은 구름 막 모여든다
> 명사십리 아니라며 해당화는 왜 피어
> 모춘 삼월 아니라며 두견새는 왜 울어
> 강초일일에 환추생하니
> 강물만 푸르러도 고향 생각나네
> 아리랑 아리랑 아라리요
> 아리랑 고개로 날 넘겨주게

여기서 눈과 비가 올 것 같은 암울한 분위기는 고려의 국운을 의미하는 것이요, 만수산송악산 또한 개경의 주산을 지칭하는 것이니, 전 왕조의 참담

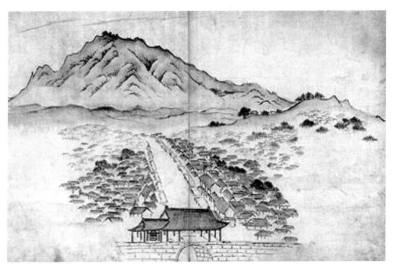

• 강세황의 《송도기행첩》 중 〈개경시가지〉. 거칠현居七賢이 꿈속에서도 그리던 개경, 송악산이 그
옛날 영화롭던 고려의 궁궐 '만월대'를 처연히 굽어보고 있는 듯하다.

한 처지를 묘사한 것이다. 이처럼 '거칠현동'에서 비롯된 아리랑의 곡조는
이후로도 면면히 이어진다. 사화·당쟁 등 정치적 격변기마다 권력에서 물
러난 선비들의 한탄은 물론, 대원군 시절 경복궁 중건에 동원된 부역꾼들
의 원망 서린 노동요에도 녹아들었다.

특히 일제 강점기에는 나라 잃은 슬픔을 담아내, 이른바 불온가요가 되
어 규제당하기도 한다. 이렇듯 아리랑은 시대와 상황에 따라 모든 백성들
의 입과 가슴을 통해 전해짐으로써 한국인이라면 가르치지 않아도 저절
로 흘러나오는 민족의 노래로 자리매김하게 된다. 이를 본 외국인들은 말
한다. "한국인에게 아리랑은 쌀과 같은 존재"라고.

굽이굽이 한반도의 젖줄을 만들어내고

동이 채 트기도 전인 새벽녘, 궁궐 관리 대여섯 명이 현재의 남산 일원 한 강변에 당도해 기다리고 있던 나룻배 한 척에 오른다. 한동안 사공이 뿌연 안개를 헤치고 배를 저어나가 강 한복판에 멈추자, 관리들은 주변을 살펴본 뒤 가져온 궁궐 두레박을 강물 중간 깊이쯤까지 밀어 넣더니, 수차례 물을 길어 맛을 보고는 고급스러워 보이는 도자기 항아리에 조심스레 담는다. 깨끗하고 귀한 물로 임금님께 바칠 탕제와 차를 달이기 위한 것이다. 강 언저리에 있는 마을 이름이 '옥 같은 물이 나온다'는 의미를 지닌 옥수동이었으며, 겨울에는 한강의 얼음을 저장하던 동빙고가 자리하던 곳이다. 궁궐 내에 있는 우물도 정갈하고 맛이 좋기로는 빠지지 않을 텐데, 굳이 한강 물을 직접 떠다가 먹었던 이유는 무엇일까?

이에 대해 조선 정조 때 한성부의 역사와 각종 모습을 기록한《한경지략》에서는 '우통수于筒水는 서쪽으로 수백 리 길을 흘러 한성의 남산 기슭

• 정선의 〈목멱조돈〉. 남산 위에 아침 해가 고개를 내미는 새벽녘, 근사한 나룻배 한 척이 한강 위를 가르는데 그 옛날 궁궐용 우통수를 길러 나가는 모습과 어울린다.

에 이르도록 맛과 빛이 변하지 않는 데다 물이 무거워, 궁중에서 탕약의 약수나 차를 달이고자 할 때는 한강 한가운데로 가서 물속 깊이 흐르는 강심수江心水를 길어다 썼'고 적고 있다. 왕실뿐만이 아니었다. 장안의 행세깨나 하는 고관대작들이나 부자들 사이에서도 우통수, 즉 한중수漢重水는 다른 물과도 섞이지 않은 채 강 가운데로만 흘러 신령스럽고 특별하다는 소문이 났다. 급기야 이를 길어다 파는 '조선판 생수 판매상'들이 등장했고, 값도 강가에서 대충 퍼 올린 '뜬 물'보다 서너 배는 비쌌다고 한다.

여기의 '우통수'란 강원도 오대산 상원사 인근 샘에서 분출되는 한강의 발원수를 말하는데, 해발 1,200미터쯤에 있는 서대 염불암에 위치한다. 이곳에서 시작되는 남한강 물줄기가 흘러가며 평창강, 영월 주천강과 어울리고, 충북 단양을 지나 북서쪽으로 방향을 바꾸면서 충주 달천강, 원주 섬강 등을 끌어안은 뒤 양평 양수리에 이른다. 두물머리에서 금강산으로부터 흘러내린 북한강과 합류해 명실상부한 한강의 모습을 완성하고, 서울 한복판과 김포평야를 거쳐 다시 임진강을 만나 서해로 빠져나간다. 이처럼 1,000리를 훌쩍 넘는 기나긴 대장정의 물길이기에 굽이마다 수많은 사연과 전설을 낳았다.

영월 주천리에는 맑은 샘이 있다. 양반들이 가면 단 술이 나오고 상민이 가면 맹물이 나왔다. 어떤 상민이 양반으로 변장을 하고 갔으나, 어찌 알았는지 술이 아닌 물이 나왔다. 그는 "샘까지 양반 상놈을 차별한다"며 샘을 발로 걷어찼다. 그 이후로는 물만 나온다.

충주 달천강은 물맛이 뛰어나 '단 냇물'이 '달래 물'로, 다시 '달천'으로 변했다. 조선의 물 가운데는 충주 달천 물이 제일이요, 한강의 우중수(우통수)가 둘째이며, 속리산 삼타수가 셋째다.

정선에서 떼 한 바닥 타고 가서 넘겨주면 정선, 영월군수의 한 달치

• 수백 리 뱃길의 긴 여정 끝에 한양에 다다른 떼꾼들의 모습이 매우 지쳐 보인다. 그러나 적지 않은 '떼돈'이 고단한 삶을 지탱해주었으리라.

봉급보다 많은 돈을 받았다. 보통 떼꾼들이 서울에 한 번 다녀오면 그 돈으로 큰 황소도 살 수 있을 정도였다. 여기서 '떼돈 번다'는 말이 생겨났다.

이러한 남한강의 본류인 '우통수'에 대한 예찬은 1,400여 년 전으로 거슬러 올라간다. 《삼국유사》에서는 '신라 정신왕의 두 태자가 오대산에 은거하면서 매일 아침 우통수로 차를 끓여 1만여 진신 문수보살에게 공양했고, 보질태자는 항상 신령스러운 이 물을 즐겨 마셨다^{常服于洞靈水}'는 기록을 통해 최초로 우통수 샘터의 존재를 알리고 있다. 이어 조선시대 이후에도 《세종실록지리지》《신증동국여지승람》《택리지》《조선환여승람》 등 각종 지리서들이 우통수를 한결같이 한강의 발원지로 기술하면서, 그 물의 특별한 빛깔, 맛, 무게 등의 특성과 신비성을 강조한다. 저명한 문인과 학자들도 앞다투어 여기에 동참하고 있다.

우통수는 오대산 서대 장령 밑에 있는 샘물로 한강의 수원이다. 물의 빛과 맛이 변치 않는 것이 중국 양자강의 한가운데로만 흐른다는 '중냉(中冷)'과도 같다.
-《오대산서대수정암중창기》 권근

서산의 높은 봉우리는 외롭게 끊겼는데 / 우통 샘물은 기운이 맑고 차구나 / 고승은 담아온 물로 차를 달이고 / 서방의 극락세계에 계신 부처님께 절을 하는구나
-《우통수》 김시습

봄 지난 들꽃은 병든 눈을 닦아주고 / 비 갠 뒤 산새들은 조용히 잠을 청하는 듯 / 사발에 달인 차로 소갈증을 낫게 하고 싶지만 / 어찌 천하 제일의 우통수를 얻을 수 있으리
-《화사영시》 허균

그러나 오랜 세월 우통수가 지켜오던 한강 발원지로서의 상징적 위치도 새로운 계측기술 등 문명의 발달에 따라 힘을 잃게 되었다. 일제 강점기에 실측 지도가 만들어지고 이를 바탕으로 편찬된 《조선지지》에 현재의 태백시에서 한강이 시작됨을 명시했다. 급기야는 인공위성이 찍은 지도를 근거로 측정한 결과, 태백산 준령인 해발 1,418미터의 금대봉 기슭에 자리한 검룡소의 물줄기가 우통수보다 32킬로미터 정도 더 길다는 점이 밝혀져 1987년 국립지리원에 의해 공식 인정되기에 이른다.

이러한 과정에서 검룡소가 새로운 명소로 각광을 받게 되었지만, 이 또한 많은 논란을 야기하고 있다. 국가에서도 발원지에 대한 정확한 정의나 공식적 규정이 있지 않을 뿐 아니라, 곡선이 아닌 직선거리로는 여전히 우통수가 바다에서 가장 멀다는 주장에서부터 단순한 지리적 관점보다는 그 역사성, 문화적 상징성 등이 더욱 중요하다는 등의 반론이 끊임없이 제기되는 것이다.

어쩌면 이러한 논쟁 자체가 무의미하고 소모적인 것일지도 모른다. 국토를 관리하는 차원에서 지리적 사실관계의 규명이 필요한 만큼이나 우리 민족의 역사와 정서에 자리하고 있는 상징성도 무시할 수 없고, 그 반대의 논리도 인정되어야 하기 때문이다. 그 정도의 여유와 아량은 있어야 하는 것이 아닐까?

검룡소는 옛 문헌에 등장한 바는 없으나 오늘날 공인된 한강 발원지로 깊이 1.5미터, 너비 2미터, 둘레 20미터 정도의 암반으로 이루어진 연못이다. 그리 크지 않은 물웅덩이지만 하루 용출량이 3,000여 톤에 이르는 등 분출 에너지가 만만치 않으며, 연중 수온이 섭씨 9도를 유지한다. 여름에는 얼음같이 차가워 잠시 손을 담그기도 어려운 데 반해 겨울에는 얼지 않는다. 마을 사람들은 이곳에 길이 20여 미터 되는 계단식 폭포가 있다고 해서 '용틀임 폭포' 또는 용이 옆으로 누운 듯하다고 해서 '와룡臥龍 폭포'로 부르기도 한다. 산속에 눈이 쌓여도 주변에는 푸른 이끼가 가득해 폭설과 혹한에 지친 산짐승들이 물을 마시러 떼지어 찾아온다고 한다. 이곳에는 신비스러운 형상에 어울리는 전설도 전해온다.

> 옛날 서해 바다에 살던 이무기가 용이 되려고 한강을 거슬러 올라와 가장 먼 곳에 있는 연못을 찾았다. 드디어 검룡소를 발견하고는 이곳의 암반을 기어오르기 위해 온몸을 심하게 뒤틀었다. 바위에 생긴 울퉁불퉁한 자국이 폭포로 변했다. … 연못에 살던 이무기가 심심하던 차에 물 먹으러 찾아오는 소들을 잡아먹는 등 행패를 부리자 사람들은 그를 죽이려고 한동안 연못을 메워버렸다고 한다.

그렇다면 낙동강의 발원지는 어디일까? 한반도에서 두 번째로 긴 강인 낙동강은 총 길이가 525킬로미터로, 1,300리가 넘는 유장한 물줄기다. 강원도 태백산 해발 700미터의 '황지黃池'에서 발원해 구문소에서 힘찬 물줄기를 만들어낸 후 경북, 경남 일대를 돌아 부산의 을숙도를 거쳐 남해로 흘러간다. 여기에도 논란이 있는데, 앞서 언급한 우통수와 검룡소의 경우처럼 진짜 낙동강 발원지가 어디냐는 것이다. 국립지리원은 정선 두문동재 인근 '너덜샘'을 최장거리 발원수로 공인한 바 있다. 하지만 대다수 사람들의 뇌리에는 여전히 황지가 발원지로 각인되어 있다. 오랜 역사 속에서 기

• 윤두서의 〈격룡도〉. 권위와 풍요로움의 상징인 용이 몸부림치고 있다. 검룡소에서 시작되는 저 힘찬 기세가 오늘날 '한강의 기적'을 만들어낸 것은 아닐는지….

록되고 회자되어 왔기 때문일 것이다. 황지는 특이하게도 태백시의 도심에 위치한 세 개의 크고 작은 연못으로 이루어져 있다. 둘레가 상지上池 100미터, 중지中池 50미터, 하지下池 30미터에 달하며, 하루 5,000톤의 물이 용출되는데, 겨울철에 얼지 않고 가뭄에도 마르지 않는다고 한다. 오랜 세월 그곳 사람들의 식수원이 되어온 만큼 각별한 애정뿐 아니라 경외의 대상이기도 해 "황지가 마르면 국난이 일어난다"는 속설이 있다.

권선징악적인 전설도 빠지지 않는다. 널리 알려진 대로 옛날 노랑이 황 부자가 시주승에게 쌀 대신 쇠똥을 퍼주었다가 부처의 노여움을 사서 살던 집터가 연못으로 변해버렸다는 내용이다. 《택리지》《대동여지도》등 옛 지리서에서는 천황天潢 또는 황지潢池로 불렸다. 천황을 '하늘에 있는 연못'이나 '은하수가 흐르는 못' 정도로 해석해보면 역시 거대한 낙동강의 발원지에 어울리는 풍류가 듬뿍 묻어난다. 이처럼 아름다운 이름이 언제부터인가 황 부자 이야기와 맞물려 '누런 연못'이라는 뜻의 황지로 바뀐 것이다.

황지에서 솟은 물은 남쪽으로 30여 리를 흘러내려 작은 바위산을 뚫고 지나는 장관을 연출한다. '산은 물을 넘지 못하고, 물은 산을 뚫지 못한다'는 자연법칙을 뒤집고 물줄기가 산허리를 관통하는, 세계적으로도 희귀한 현상이라고 한다. 이렇게 만들어진 물웅덩이가 구문소이며, 이 관문을 자개문이라 한다. 조선시대 비결서인 《정감록》에 '자개문은 자시에 문이 열리고 축시에 닫히는데, 그곳에 들어가면 사시사철 꽃이 만발하고 흉년과 전쟁이 없는 오복동이라는 이상향이 나온다'고 했으니, 태백 땅을 신선들이 사는 세계쯤으로 여긴 듯하다.

일부 풍수지리가들은 한반도를 인체에 비유하면서, 백두산을 '머리', 한라산을 '다리'로 본다면, 태백산은 '허리'라고 규정한다. 이때 '배꼽의 단전' 부위에 해당하는 황지는 생명의 정기를 품고 이를 분출하는 곳이라 여긴다. 옛날 흥성했던 가야문명이 '황지에서 발원한 낙동강의 선물'이라는 이야기를 상기해보면, 상당 부분 수긍하지 않을 수 없다. 이 황지를 품고 있는 태백산은 남녘의 백두산이다. 백두산에서 시작되는 물줄기가 중국 송

화강과 두만강, 그리고 압록강을 만들어내고 각각 북해와 동해, 서해로 흘러나가듯이, 태백산도 남녘의 세 강을 발원시키는 기준점이다. 북으로는 한강을, 남으로는 낙동강을, 동으로는 삼척의 오십천을 만들어낸다. 이 강물들이 굽이굽이 돌아 한반도 곳곳을 적시고 각기 긴 여정을 마치는 끝자락에서 서해와 남해와 동해의 넓은 품에 안긴다.

물은 생명의 원천이다. 인체의 형성이 어머니의 양수에서 시작되는 것처럼 우리 국토의 젖줄도 다르지 않다. 남한 땅의 거대한 두 강줄기가 강원도의 조그만 샘과 연못에서 발원해 오랜 역사와 문화를 만들어온 것이니 말이다. 우리 조상들은 일찍이 물의 중요성을 터득해 "같은 물을 먹으면 생각이 같아지고, 다른 물을 먹으면 생각이 달라진다同水同想 異水異想"고 했으며, '동洞'은 결국 물水과 같음同의 합성이니, 결국 '같은 물을 먹고 사는 마을'을 의미하는 것이다. 이렇게 보면 한민족이라는 동질감과 운명 공동체 의식도 결국은 우리 땅을 적시는 물의 조화와 신비에서 비롯되었다 할 것이다. 어제 그랬듯이 오늘도 저 멀리 오대산과 태백산의 어느 골짜기에서 '시작은 미미하나 끝은 창대'해지는 새로운 물줄기가 쉼 없이 흘러내리고 있다.

2 기쁜 맛이더냐 슬픈 맛이더냐

일반적으로 초근목피는 시고 매운 맛이 서로 어울려 진실로 우리가 늘 섭취하는 숙속(콩과 조)과 비교할 수는 없다. 이를 먹는 것은 불가피하게 그리하는 것으로 오로지 인간의 생명을 보존하기 위해서일 뿐이다. 더구나 배고픔과 갈증이 극에 달하면 무엇이든 잘 먹을 수 있는 것이니, 이것이 어찌 숙속만 못하다고 단정할 수 있겠는가.
－《구황촬요》 서문에서

역발상이 탄생시킨 오방지영물과 계륵

동해안에 살 때는 생선회로 하루 세 끼를 해결하는 경우도 더러 있었다. 외지에서 모처럼 방문한 지인과의 식사 자리가 아침뿐이라면 그렇게라도 해야 한다. 그렇지 않으면, "강원도까지 갔는데 회도 안 사주더라"는 뒷말을 들을 수 있기 때문이다. 춘천에서도 크게 다르지 않았다. 막국수와 닭갈비를 먹어야 손님 대접 받았다고 생각하는 사람들이 많았다. 얼마 전 '춘천 하면 생각나는 것'에 대한 여론조사에서 서울 사람의 79퍼센트가 소양댐, 청평사 등이 아닌 두 음식을 꼽았다 하니 그럴 만도 하다.

그러나 이곳 토박이들은 그 음식들을 그리 즐기는 편이 아니다. 지금이야 대중의 입맛에 맞게 요리법이 개선되고 다이어트 식품의 대명사 또는 입맛을 돋우는 별미로 자리 잡았지만, 그 시작은 춥고 배고프던 시절 서민들의 거친 먹을거리였다.

막국수는 비교적 상류층이 즐기던 냉면과는 달리, 말 그대로 화전민들이

• 막국수를 만드는 모습. 제조법이 생각만큼 쉽지만은 않아 보인다.

특별한 기술 없이 빨리 만들어 먹던 대중적인 구황 식품이었다.

탈곡한 메밀을 맷돌에 갈아 그 반죽을 구멍 뚫린 바가지에 넣고는 꾹꾹 눌러 뜨거운 물에 국수 가락을 떨어뜨렸다가 다시 찬물에 굳혀 만드는데, 정확한 유래와 역사를 알기는 어렵다. 주원료인 메밀은 척박하고 서늘한 산간 지대에서도 잘 자라는 데다, 두세 달 정도면 수확할 수 있다는 점에서 산림이 전체 면적의 80퍼센트를 차지하는 강원도에서 재배하기 좋은 곡식이다. 고려 고종 때 편찬된 《향약구급방》에는 메밀이 중국에서 전래된 사실과 그 효능 등을 처음으로 기록하고 있다. 그러나 세간에는 북방의 여진족, 몽고족 또는 일본인들이 우리 민족을 약화시키기 위해 의도적으로 보급했다는 설이 설득력을 얻고 있다. 메밀 껍질에 독성물질이 함유되어 있어 매일 먹을 경우 중독증상을 보이고 기력이 쇠해진다는 주장이다. 특히 청나라가 조선을 초토화하고 지배권을 장악했던 1636년 병자호란 당시의 야설에 가까운 이야기가 매우 사실감 있게 전래되어 온다.

조선 국왕의 항복 선언까지 받아낸 청 태종은 조선인들을 고사시킬 궁리를 했다. 장안 최고의 의료진이 황명을 실천할 방법에 골몰했다. 급기야 이들은 메밀 껍질에 사람의 위를 깎아내는 물질이 들어 있다는 사실을 발견했다. 조선 천지에 메밀이 심어지고 막국수라는 음식이 생겨나는 데는 시간이 그다지 걸리지 않았다. 그러나 이 막국수를 즐겨 먹던 조선인들에게는 아무런 변화도 일어나지 않았다. 당황한 청나라 사람들이 조사해보니, 메밀에 독성이 있는 것은 틀림없지만 조선인들이 슬기롭게도 이를 중화시키는 무와 배추를 곁들여 먹고 있었던 것이다. 이들의 '조선인 말려죽이기' 작전은 보기 좋게 실패로 돌아갔다고 한다.

청에 항복하는 것을 끝내 반대하던 윤집, 오달제, 홍익한 등 '삼학사'는 심양으로 끌려가 투옥된다. 갖은 협박과 회유가 통하지 않던 그들에게 연일 메밀 음식만 넣어준다. 이 음식만 먹으면 메밀의 독성이 쌓여 자연스럽게 죽어갈 것을 기대했기 때문이다. 그러나 세월이 지나도 아무런 효과가 없자, 감방 안을 샅샅이 뒤진다. 어떻게 반입되었는지 한구석에 먹고 남은 무 꼬리가 말라비틀어진 채 수북하게 쌓여 있었다. 결국 이들은 척화의 대의를 꺾지 않다가 심양성 서문 밖에서 처형당하고 말았다고 전한다.

실제로 메밀은 외부 해충으로부터 스스로를 방어하기 위해 껍질에 살리실아민과 벤질아민이라는 독성을 가지고 있다. 하지만 극히 소량인 데다 도정기술이 발달한 오늘날에는 별 문제가 되지 않는다고 한다. 함께 먹는 무가 해독제 역할까지 하고 있으니 더욱 그렇다. 일본 음식 소바에 무즙을 넣는 것도 같은 이치다. 오히려 메밀은 다른 곡물들보다 성분과 유용성 면

• 삼학사 비문의 발견을 보도한 기사(동아일보) 1933년 5월 13일자.
조선 선비의 굳센 충절이 300여 년이 지나도록 살아 있다.

에서 뛰어난 작물이라는 것이 전문가들의 일반적 견해다. 특히 메밀의 건강성분 가운데 탁월한 것은 '비타민 P'로 불리는 '루틴'으로, 모세혈관을 튼튼히 하고 출혈을 막아 고혈압과 뇌졸중 등 혈관질환에 효과적이라 한다.

우리 선조들은 이러한 메밀을 일컬어 '오방지영물伍方之靈物'이라는 별칭까지 붙였다. 푸른 잎靑葉, 붉은 줄기紅莖, 흰 꽃白花, 검은 열매黑實, 노란 뿌리黃根 등 한 몸에 다섯 가지 색깔을 갖춘 신비한 식물이라는 뜻이다. 여기에 선조들의 해학과 기발한 해석까지 곁들여진다. 속설에 따르면, 여인들이 메밀을 즐겨 먹으면, '오방伍方의 속살', 즉 가슴과 허벅지를 비롯한 다섯 군데의 성감대가 발달하고 그 빛깔까지 곱게 해준다고 한다. 이런 이유로 부녀자들이 밤참으로 메밀국수나 메밀묵을 만들어 남편에게는 대충 한 그릇만 퍼주고 자신은 바가지째로 먹는 등 욕심을 부리기도 했다는 것이다.

또한 메밀은 '녹비綠肥작물'이 되기도 한다. 화학비료를 많이 써 지력이 떨어지고 산과 염기의 화합물인 염류가 과다하게 축적되어 식물이 제대로 자랄 수 없을 때 메밀을 심으면, 그 뿌리가 토양의 유해물질을 빨아들여 쇠한 지력을 회복시키는 기능을 하는 것이다. 게다가 독특하고 시원한 맛, 성인병 예방에 탁월한 효과, 미용식으로서의 효능, 정신을 맑게 해주는 데다 가격이 저렴한 점 등 '5덕'을 갖춘 식물이라고 불리기도 한다. 이처럼 영험한 성분과 효능이 있다는 소문 덕인지 메밀짚을 태운 재에서 얻은 양잿물로 비누를 만드는가 하면, 옆집에서 상여가 나갈 때도 메밀짚을 태워 그 연기로 귀신을 쫓았다는 이야기가 내려오고 있다.

막국수와 함께 춘천의 명물로 자리 잡은 닭갈비의 유래에 대해서는《삼국지》에 다음과 같은 일화가 나온다. 위나라 조조는 촉나라 유비와 한중

• 탁월한 재사才士, 난세의 간웅奸雄등 이중적 평
가를 받고 있는 조조.

땅을 놓고 대치하던 중, 진격이냐 후퇴냐를 결정해야 할 기로에 선다. 어느 날 군영에서 식사를 할 때 심복 하후돈이 오늘 밤 암호를 무엇으로 할 것인지를 묻는다. 조조는 마침 자신이 먹고 있던 초라한 음식에 빗대 "계륵鷄肋으로 하라"고 말한다. 이를 전해 들은 장수들이 그 의미를 해석하지 못해 고민하고 있던 차에 양수가 "계륵이란 먹자니 살점이 별로 없고 버리기에는 아까운 고기이니, 결국 '철수하겠다'는 뜻"이라고 풀이한다. 그의 예상대로 이튿날 조조는 한중 땅을 포기하기로 한다.

이 '계륵'을 우리말로 옮기면 닭갈비가 된다. 그 유래에 대해서는 1,400여 년 전 신라시대에 시작되었다는 등 설이 분분하나, 이러한 《삼국지》의 기록을 보면 매우 오래된 식품이었음을 추론해볼 수 있다. 그러나 썩 맛있는 음식이 아니어서 그 옛날 조조도 전쟁터가 아니었다면 먹지 않고 버렸을 것이다. 그만큼 제대로 된 음식 취급을 받지도 못했다.

지난 1960년 춘천의 초라한 판자 가게에서 돼지갈비 등을 팔던 영세상인이 돼지고기 구하기가 어려워지자, 닭 두 마리를 사다가 종일 궁리와 연구를 거듭한 끝에 처음으로 닭갈비를 개발했다. 이후 춘천지역 선술집 등으로 급속히 전파되면서 주로 숯불 또는 연탄불에 구운 닭갈비가 술안주용으로 팔렸다. 이처럼 성황을 이룰 수 있었던 것은 과거 춘천지역 외곽에 양계시설과 도계장이 많았으며, 닭고기의 가격도 쇠고기나 돼지고기에 비해 훨씬 저렴했기 때문이었다. 게다가 춘천이 교육 및 군사도시였던 만큼 돈이 궁한 대학생들이나 군인들이, 차고 있던 시계나 책을 맡기고 고기를 맛보기에는 안성맞춤이었다. 이러한 연유로 당시는 '학생 갈비' '군인 갈비' '서민 갈비' 등으로 불리기도 했다.

오늘날 춘천 닭갈비는 무쇠철판에 닭과 각종 야채를 함께 볶는 형태로 발전했다. 내 기억으로는 20여 년 전만 해도 닭의 뼈와 갈비가 주종을 이루어 먹을 게 별로 없는 음식이었는데, 지금은 살코기 위주로 되어 꽤 푸짐하고 먹기도 편해졌다는 느낌이 든다. 여기에 전국 체인망까지 갖춘 사업이 등장하는가 하면, 닭갈비와 막국수를 테마로 한 지역축제가 15년이 넘도록 이어지고, 이곳을 찾는 관광객들도 수십만 명에 이른다. 최근 들어서는 해외 언론에도 요리법 등이 심심치 않게 소개되고 있으며, 독일의 한 항공사는 이를 기내식으로 제공한다는 소식도 들려온다. 궁한 사람들의 배고픔을 달래주던 '서민 갈비'가 어느덧 국경을 넘어 세계로 진출하고 있으니, 참으로 감개무량한 일이다.

초당 순두부로 대박을 터뜨린 청백리

강릉은 경승지의 천국이다. 조선 초기 대표 지식인 서거정은 "우리나라 산수의 으뜸은 관동이요, 그중에서도 강릉이 제일"이라고 단언한다. 여기의 중심에 경포호가 있다. 그 아름다움이야 재삼 거론한들 무엇하겠는가마는, 예나 지금이나 풍류객들이 떠올리는 '경포 오월伍月'은 여전히 압권이다. '하늘에 달이 뜨니 천월天月이요, 호수에 달 비치니 호월湖月이고, 술잔에 담긴 달이라 준월樽月이며, 님의 눈동자에 어린 저 달은 안월眼月인데, 그대와 내 가슴에도 달 하나 품으니 심월心月이라.'

강릉이 아무리 절경이라 해도 경포호만 구경하고 초당 순두부를 먹어보지 않으면 "멋은 알되, 맛을 모르는 사람"이라는 핀잔을 듣기 십상이다. 그만큼 순두부는 강릉을 대표하는 향토음식이다. 그런데 나는 과거 1990년대에 한동안 순두부만 보면 속이 울렁거려 잘 먹지 못했다. 당시 초당동의 어느 단독주택에 살았는데, 안방이 바로 옆 순두부집 주방과 낮은 담

벼락 하나를 두고 맞붙어 있다시피 해서 새벽부터 침실의 조그만 문틈 사이로 스며드는 순두부 냄새를 맡고 사는 생활을 2년여간 계속했기 때문이다.

처음에야 구수한 냄새가 편히 잠드는 데 도움이 되었지만, 좋은 냄새도 한두 번이지 매일매일 그것을 맡으며 사는 것은 고역이었다. 돌이켜보면, 초당동은 홀로 사는 할머니들과 족히 50~60년은 되었을 낡은 집들, 그리고 순두부 음식점들이 유독 많은 동네였다. 뒤늦게 알게 되었지만, 거기에는 그럴 만한 이유와 특별한 사연이 있었다.

오늘날 전국적인 명성을 얻은 초당 순두부의 역사는 400여 년 전 조선 명종, 선조 때 문신이던 허엽의 이야기와 닿아 있다. 그는 《홍길동전》의 저자 허균과 허난설헌의 아버지로 당대의 대학자 서경덕과 이황에게 수학하고, 조정에 출사해 동부승지, 대사헌, 경상도 관찰사 등을 거친 중신이었다. 당시 당쟁의 소용돌이에서 동인의 거두로서 서인과 대립각을 세움으로써 벼슬길도 파직과 복직을 거듭하는 등 연속되는 수난을 겪었다. 그러던 중 삼척부사로 부임하게 되어 자연히 자신의 본가인 강릉에 자주 들르게 되었다.

어느 날 집 앞에 있는 물맛이 좋기로 소문난 샘터를 눈여겨보더니 하인을 불러 말하기를, 그 샘물로 두부를 만들되 "동해안에서 귀한 천일염을 어렵게 구하려 하지 말고 지척에 있는 강문 앞바다 물을 길어다 간수로 써보라"고 지시했다. 그렇게 만든 두부의 맛이 부드럽고 고소하기가 가히 일품이었다. 허엽이 다시 "식구들만 먹지 말고 시장에서 장사를 해보라"고 일렀다. 이 두부가 날개 돋친 듯 팔려나가면서 큰돈을 벌었다.

鏡浦堂

• 김홍도의《금강사군첩》중〈경포대〉. 강원 영동지역 풍류의 본산인 경포대. 이곳에 뜬다는 다섯 개의 달에 관한 이야기는 오늘날에도 많은 관광객들의 입에서 입으로 전하고 있다.

　그런데 여기에는 다른 이야기가 있다. 허엽이 순두부를 만든 것은 사실

이지만, 당시 기근과 영양실조에 시달리던 백성의 모습을 안타깝게 여겨

그들의 민생고를 해결해주는 차원에서 이루어진 일이라는 견해가 그것이

다. 어떠한 경우든 이때부터 그의 호를 딴 '초당 순두부'가 탄생했으며, 동

네 이름도 '초당 마을'이 되기에 이른다.

　그의 호인 초당草堂은 말 그대로 '풀로 엮은 집'을 뜻하는데, 이는 일찍이

중국 삼국시대에 촉나라의 제왕 유비가 제갈량의 초가草廬를 세 번이나 찾았다는 삼고초려의 고사에서 보듯이 청빈의 상징이었다. 더구나 허엽은 사후에 '청백리'에 녹선되었다. 이는 조선 왕조 500년을 통틀어 200여 명에 불과한 최고의 영예였다. 또한 당색이 다른 중신들까지 그의 청렴성만큼은 인정했다 하니, 부질없이 사리사욕을 채우는 성품은 아니었던 것 같다. 그런데도 허엽은 순두부 제조 이후 '언사가 과격하고, 재물을 탐한다'는 이유로 삼척부사 자리에서 파직된다. 관리의 신분으로 영리 행위를 했기 때문이었을 것이라는 주장보다 조정 내 반대파의 모략에서 빚어진 결과라는 주장에 힘이 실리는 대목이다.

여하튼 그 이후로 초당 순두부 제조법은 가가호호로 퍼져나가 각 가정에서 즐겨 먹는 음식이 되었다. 이것이 가능했던 것은 누구나 퍼올 수 있는 청정한 동해수에 영월, 정선 등 인근 산촌에서 재배한 햇콩을 조달하기 수월했기 때문이다. 초당 순두부 맛의 결정적인 변수도 역시 콩의 종류와 질이다. 아무리 초당 순두부에 바닷물 간수를 쓴다 한들 다른 나라의 묵은 콩을 사용한다면 고유의 맛은 저만큼 달아날 수밖에 없을 것이다.

초당 마을에 살던 시절, 아내는 종종 연세 지긋한 동네 할머니들을 모시고 삼겹살 등 음식 대접하기를 즐겼다. 어느 날 아내가 할머니들 대부분 혼자 사시는 것을 보고 "할아버지는 언제 돌아가셨어요? 동네에 오래된 집들이 유독 많아 보이네요"라고 말을 건넸는데 다들 아무런 말씀이 없으셨다고 한다. 나중에 한 할머니가 조심스럽게 "이곳 남정네 중 상당수가 6.25 전쟁 때 실종되거나 죽었어. 그래서 혼자 사는 할머니가 많은 거야"라면서, 집이 낡았다고 새로 고치면 혹시라도 실종된 남편이 돌아올 때 집을 제대

• 휘문중학교 교정에서 환영 인파의 환호에 묻힌 여운형의 모습이다. 비명에 간 그가 가졌던 포부의 실체와 그 끝은 지금도 여전히 의문부호로 남아 있다.

로 찾지 못할까봐 수리도 하지 않는다는 것이었다.

초당 마을에 이런 가슴 아픈 사연이 생긴 데는 몽양 여운형과 초당의숙이 관련되어 있다. 국권 피탈을 전후해 초당 마을에는 지금의 강릉고등학교 언저리에 '초당의숙일명 영어학교'이라는 야학이 있었는데, 이곳에 여운형이 1년여 초빙교사로 와 있었다. 그는 함양 여씨 양반가의 9대 종손으로, 일찍이 부친상을 마친 직후 집안의 남녀 노비들을 전격 해방시키며 "이제부터 우리 모두는 형제자매일 뿐"이라고 선언하는 등 진보적이며 사회주의적 성향이 강한 인물이었다. 일제 강점기에는 걸출한 독립운동가로서 족적을 남겼고 해방 정국에서는 중도좌파의 색채를 드러내며 좌우합작노선을 추구했다. 하지만 이는 우익과 공산당 모두의 반대에 부딪혔고, 결국 1947년 서울에서 암살당했다.

이러한 여운형이 초당의숙 교사로 와 있었던 것은 당시 재경 강원도 출향인사 및 유학생들이 항일 계몽운동을 위해 조직한 관동학회 남궁억 회장홍천 출신의 주선에 의한 것이었다. 여운형은 초당의숙 교편생활 중 학생들을 열정적으로 가르치면서 주민들을 대상으로 한 항일 계몽운동도 병행해 저항정신과 민족주의를 고취하는 등 그들로부터 상당한 감화를 이끌어내게 된다.

훗날 여운형은 자서전에서 "당시 경비가 넉넉하지 못해 어려움을 겪었으나, 선생님과 제자는 고난이 더할수록 열정과 의리로 더욱 단단히 뭉쳤다"고 회상한다. 후에는 계속되는 반일교육과 일제연호 사용 거부 문제로 학교가 폐쇄되고 여운형도 서울로 올라갔지만, 그의 제자들은 스스로 '창동회'라는 비밀결사 성격의 노동야학을 운영하면서 스승의 가르침을 계승했고, 3.1운동 때에는 강릉지역 농민 만세운동을 이끌다시피 했다.

그러나 세월이 흘러 여운형으로부터 물려받은 사상적 유산은 마을에 화를 불러온다. 6.25 전쟁의 혼란기를 거치면서 동네의 많은 청장년들이 북측에 동조하는가 하면 빨치산까지 드나든다는 소문이 나자 요주의 대상 마을이 되어버렸고, 급기야 상당수가 월북하고 일부는 희생을 당하는 지경에 이른 것이다. 자연스럽게 많은 아낙들이 홀로 남게 되었으며, 그들이 어린 자식들과 먹고살기 위해 유일하게 할 수 있는 일이란 조상 대대로 제조 비법이 전해오던 초당 순두부를 만들어 시장에 내다 파는 것이었다.

최근에는 드문드문하던 낡은 집들도 많이 사라지고, 어지럽던 순두부집 간판들도 깨끗하게 단장되었다. 하지만 다시 돌아올 남편을 기다리며 옛집의 모습을 그대로 간직한 채, 순두부에 얽힌 시대의 아픔을 증언해주던 할머니들 대부분은 돌아가셨다. 그 할머니들이 살아 계셨을 때는 '초당 마을 제사는 모두 같은 날'이었겠지만, 지금은 어떤지 모르겠다. 한 시대의 아픔과 상처도 기나긴 세월 속에서 그 흔적이 점차 사라져가듯이, 예전에 속이 울렁거려 꺼려지던 초당 순두부도 이제는 잘 먹게 되었다. 그 구수하고 부드러운 맛이 부쩍 그리워진다.

제왕의 수라상에 오르던 귀족 물고기

중국 당나라 현종은 총애하던 무혜비가 갑자기 병사한 뒤, 슬픔에서 헤어나오지 못했다. 그즈음 무혜비를 그리며 그가 먹던 고기가 '송어'라고 한다. 송어는 산천에서 부화해서 근해에서 머물다 산란 때에는 모천으로 회귀하는 특성이 있어, 그 고기를 먹으면 떠난 임이 돌아온다는 속설이 있기 때문이었다.

그러나 이러한 현종의 절절한 마음도 천하절색 양귀비에 빠져든 이후에는 오간 데 없이 사라진다. 이때 양귀비는 천하의 주인과의 로맨스로 온갖 호사를 누리면서도 한 가지 걱정거리가 있었으니, '과연 지금의 영화가 영원히 지속될 수 있을까?'라는 의문이었다. 이러한 불안감을 떨치기 위해 영원한 사랑을 상징하는 전설에 의지하게 된다. 연리지와 비목어가 그것이었다.

연리지는 뿌리가 다른 두 나무의 가지가 서로 엉켜 결국 한 몸이 되는 기이한 경우를 말하고, 비목어란 외눈박이에 몸뚱이도 반쪽뿐이어서 다

• 당 현종과 양귀비. 이들의 염문은 부적절한 관계였을까? 세기의 로맨스였을까?

른 짝을 만나야만 온전히 하나가 될 수 있다는 의미로 '광어_{좌접어}'를 말하는 것인데 이때 그 상대가 되는 것이 '도다리_{우접어}'다. 이들은 서로 달라붙어야 할 운명이라고 여겨져 영원한 사랑의 징표가 되었다. 이러한 연유로 양귀비는 연리지로 만든 침상에서 자고 비목어를 먹으면, 현종과의 사랑이 불멸하리라 믿었다. 그런데 그녀가 있던 서안지역에서도 쉽게 찾을 수 있었던 연리지와 달리, 비목어는 중국에서 잡히지 않아 이를 구하기 위해 머나먼 한반도의 동해안에까지 사람을 보내곤 했다. 더욱 흥미로운 것은, 그 옛날 백제와 고구려를 치기 위해 결성되었던 나당연합군의 당나라 군사들이 귀국 길에 이 비목어를 연인을 위한 선물로 챙겨갔다는 것이다.

다시 송어 이야기로 돌아가보자. 《동의보감》에는 '성질이 평하고 맛은 달며 독이 없다. 소나무 마디의 색과 비슷해 송어_{松魚}라 한다. 동북 지방의 강과 바다에서 많이 잡힌다'고 적고 있다. 혹자는 "무슨 송어가 바다에 사느냐?"고 반문할지 모르지만, 이는 보통 민물횟집에서 양식 송어만 접해온 탓이다. 양식 송어는 지난 1965년 국내에 반입되어 강원도 평창에서 최초로 양식에 성공한 것을 계기로 전국에 널리 퍼진 민물고기로, 산란기에는 붉은색을 중심으로 현란한 무지갯빛을 띠기에 통상 '무지개송어'라고 한다. 원산지는 북미 지역 하천의 상류 또는 호수인데, 슈베르트의 피아노 5중주곡 〈숭어Die Forelle〉도 사실은 이 송어를 가리킨다. 일제 강점기 때 일본인이 잘못 번역한 것을 수십 년 동안 고스란히 물려받아 내 학창 시절은 물론이요, 최근까지 중·고교 교과서, 대학교재에도 숭어로 되어 있었다고 한다. 단순한 착각이었는지 무지의 소치였는지 아니면, 이것도 일제의 잔재였는지 참으로 실소를 금치 못할 일이다.

반면 토종 송어는 연어과에 속하는 물고기인데, 기본적으로 산천어와 같은 어종이라 한다. 즉 하천에서 부화한 뒤 인근 바다에서 3년쯤 지내다 다시 모천으로 올라와 산천어와 짝짓기를 한 후 산란하는 것이 토종 송어로 약 70퍼센트가 암컷이라 한다. 한편 태어난 하천에서 줄곧 머물며 자란 종자가 산천어로 대부분 수컷이라는데, 이러한 특이한 생태에 대해서는 어류학자들 간에도 견해가 엇갈리고 있다. 그저 자연의 오묘한 조화라고 해야 할는지…. 예부터 바다에서 잡힌 송어의 경우 같은 회귀 어종인 연어보다도 훨씬 고급으로 취급되었는데, 실학자 서유구는 《난호어묵지》 《전어지》에서 '동해안의 하천이나 바다에서 서식하는 물고기 가운데 으뜸이다. 생긴 모양이 연어와 비슷하며 살이 많고 맛은 일품'이라고 묘사한다. 동해안 일대에서는 주로 제수용으로 사용되고, 1960년대에는 어쩌다 토

• 걸출한 화가 이중섭의 〈물고기와 노는 아이들〉, 익살스럽기도 하고, 건강해 보이기도 하고….

종 송어가 잡히면 이를 윗어른에게 선물했다고 한다.

한편, 생김새가 날렵하고 아름답다고 해서 '계곡의 여왕'으로 불리는 산천어는 1급수에서만 서식하는 토종 냉수성 민물고기이며, '국가보호 어종'으로 지정되어 있다. 결국 산천어와 송어는 동일한 종의 물고기로 어느 곳에 사느냐에 따라 그 이름이 달리 불린다고 할 수 있다. 이런 산천어를 테마로 한 축제로 크게 주목을 받고 있는 곳이 강원도 화천이다. 매년 1월 인구 2만 5,000명 남짓한 조그만 마을에 수도권 중심의 100만 인파가 몰려드는 '산천어축제'는 정부로부터 최우수 겨울축제로 선정되기도 했다.

이러한 성공적 이벤트가 탄생하게 된 배경에는 묘하게도 안보 문제가 결부되어 있다. 지난 1986년부터 북한의 금강산댐 건설에 따른 수공水攻 가능성에 대비한다는 명분 아래 만들어진 평화의 댐을 신축·증축하는 과정에서 화천 인근 파로호의 물을 비우게 된다. 그 여파로 관광객이 급감하는 등 지역경제가 빈사 상태에 이르게 되자, 타개책의 일환으로 궁리해낸 것이 바로 이 축제였다.

북한강 상류에 위치한 화천은 '물의 도시'다. 이를 상징하는 파로호破廣湖는 1944년 만들어진 인공 저수지로, 본래 이름은 '하루에 9만 리를 날아간다'는 상상의 새를 닮은 호수, 대붕호였다. 6.25 전쟁 당시 한미연합군이 무려 중공군 3만여 명을 수장시킴으로써 깨끗하고 푸른색을 띠던 물이 핏빛으로 변하고, 물고기들이 수면에 둥둥 떠다니는 중공군 시체를 먹고 산다 해서 종전 이후에도 한동안은 고기를 잡지 않았다고 전한다. 이처럼 혁혁한 전과를 올리자, 당시 이승만 대통령이 '수많은 오랑캐를 쳐부수고 사로잡은 호수'라는 뜻으로 직접 '파로호'라 이름을 지었다고 한다. 또한 국민의 애창가곡 〈비목〉도 지난 1967년 이 지역에서 군복무를 하던 어느 초급장교가 6.25 전쟁 당시 전투의 참상과 기억의 편린들을 떠올리며 비감 어린 시문을 그려나간 데서 비롯되었다.

초연이 쓸고 간 깊은 계곡/ 깊은 계곡 양지녘에

비바람 긴 세월로 이름 모를/ 이름 모를 비목이여

먼 고향 초동친구/ 두고 온 하늘가

그리워 마디마디/ 이끼 되어 맺혔네

궁노루 산울림 달빛 타고/ 달빛 타고 흐르는 밤

홀로 선 적막감에 울어 지친/ 울어 지친 비목이여

그 옛날 천진스런/ 추억은 애달파

서러움 알알이/ 돌이 되어 쌓였네

한편 '민물고기의 제왕'으로 일컬어지는 쏘가리는 전국 대부분의 지역에서 서식하는데 특히 충북 영동, 전남 화순, 강원 춘천 등이 유명한 산지다. 하지만 가격이 너무 비싸서 쉽게 맛보기는 힘들다. 이는 중국의 경우도 마찬가지였던지 예로부터 민물고기 중 첫째는 궐어鱖魚, 쏘가리요, 둘째가 백어白魚, 강준치이며, 그 다음이 잉어라고 했다.

이러한 쏘가리에 대한 예찬은 참으로 많다. 우선 한자 궐鱖은 '궁궐의 고

• 〈궐어도〉. 고결과 권세의 상징 궐어. 여기에 도화桃花가 어울리면 그만이다.

기'에 빗댄 것이요, 다른 이름인 금린어錦鱗魚, 금문어錦文魚 등도 '비단 금錦' 자를 쓰고 있으니, 하나같이 귀하고 고결하다는 의미를 담고 있다. 조선시대 여성생활백서인 《규합총서》에서는 황제가 먹는 존귀한 고기라고 해서 '천자어天子魚'로, 오뉴월 부모의 보양식으로 끓여 바친다는 궐어탕은 효자탕으로 규정하기도 했다.

쏘가리는 이름만큼이나 생태도 매우 고고하다. 낮에는 주로 자신의 은신처인 바위나 돌 밑에서 단독으로

생활하면서 일출과 일몰 전후에야 먹이를 찾는다. 민물고기로는 드물게 육식어종이지만 죽은 고기는 먹지 않으며, 공격성이 매우 강하다. 오래전부터 배스, 블루길 등 외래 어종이 우리나라에 들어와 토종 물고기들의 씨를 말리는 등 골치를 앓자, 이를 퇴치하기 위해 쏘가리를 각 하천에 풀어놓는 지역이 늘고 있다. 영월 동강의 어라연에는 이러한 쏘가리의 용맹스러움과 관련된 이야기가 전해온다.

> 인근 마을에 정씨 성을 가진 어부가 있었다. 어느 날 어라연에서 고기를 잡고 있었는데 갑자기 커다란 구렁이가 나타나 순식간에 어부의 다리를 칭칭 감더니 물속으로 끌고 들어갔다. 어부가 발버둥을 쳤으나 소용이 없었고, 곧 죽을 상황에 처하게 되었다. 이때 옆을 지나던 대형 쏘가리가 날카로운 등지느러미로 구렁이를 공격하자 구렁이는 오래 버티지 못하고 피를 철철 흘리며 달아나버렸다. 구사일생으로 살아난 어부는 이때부터 쏘가리가 잡혀도 놓아주었으며, 정씨 일가는 쏘가리를 먹지 않는다 한다.

옛날 선비들이 그리던 문인화에서도 쏘가리가 자주 등장한다. 이는 주로 과거에 급제해 궁궐에 들어가는 염원을 담은 것으로, 흔히 볼 수 있는 낚시 바늘에 꿰여 있는 모습도 '임금에 의해 간택받는다'는 뜻이다. 이때 문인화에 그려진 쏘가리는 한 마리인 것이 관례다. 두 마리 이상일 경우, 그만큼의 '궁궐'을 상징해 자칫 반역으로 비칠 수 있고, 오로지 한 임금만을 섬긴다는 '불사이군不事二君'의 충절에도 배치되기 때문이다.

각별한 어종으로 여겨졌던 만큼 입신양명을 기원하는 내용과는 별개로, 온갖 풍류를 담아 쏘가리를 노래한 시문도 눈에 띈다. 그중 강태공, 엄자 릉과 함께 중국 3대 낚시꾼이자, 당나라 은둔거사로 이름을 떨친 장지화의 〈어가자〉가 단연 돋보인다.

서새산 앞 백로는 하늘을 날고 西塞山前白鷺飛

복사꽃 흐르는 물에 쏘가리가 살찌누나 桃花流水鱖魚肥

푸른 댓잎 삿갓에 푸른 도롱이 입고 青篛笠, 綠蓑衣

비끼는 바람과 가랑비에 돌아갈 줄 모르네 斜風細雨不須歸

거지 음식이 정력식품으로 둔갑하기까지

이제까지 살펴본 어류들과 음식들은 보통사람들이 접하기 힘들고 서식지 또한 청정한 강과 바다로, 다분히 귀족적이다. 그에 비해 추어탕은 예나 지금이나 서민 먹을거리의 대표격이다. 추鰍라는 말부터 그렇다. 고기 어魚와 가을 추秋의 합성어이니, '가을 고기'라는 뜻이다.

옛날 농촌에서는 논 한쪽에 커다란 물웅덩이를 미리 파놓는다. 벼를 수확한 뒤에는 물을 퍼내고 이곳에 모여든 살진 미꾸라지를 잡는다. 동네 복판에 걸어놓은 가마솥에서 먹음직스런 국이 펄펄 끓고, 투가리에 듬뿍듬뿍 담아 마을 어르신들에게 대접한다. 이를 '갚음턱' 또는 '상치마당'이라고 하는데, '노인을 공경한다'는 의미의 '상치尙齒'라는 말도 여기서 비롯되었다. 노인들이 초청 대상이지만 사실상 남녀노소의 구분이 없으며, 어찌 알았는지 인근 비렁뱅이들까지 모여들어 한바탕 음식 잔치가 벌어진다.

조선시대 추어탕은 지방뿐 아니라 한양에서도 '거지 음식'이라는 달갑

지 않은 별칭이 있었다. 당시에는 '꼭지떼'라 불린 거지패들이 있었고 그 무리의 왕초는 '꼭지딴'이라고 불렸다. 청계천·서소문·복청교·새남터 꼭지딴 등이 그들이었다. 이들은 조직에 속하지 않는 일반 거지들과는 달리 나름의 품위와 규칙을 지켜가며 생활했다. 그중 하나가 '밥은 구걸하더라도, 반찬은 스스로 해결한다'는 것이었다. 이때 당번 거지들이 밥을 얻으러 간 동안 남아 있는 비번 거지들은 반찬용으로 자신들이 살던 개천가 등지에서 미꾸라지를 잡아 탕을 끓였다. '꼭지딴 추어탕' '꼭지딴 해장국'으로 알려진 그 음식은 더없는 보양식이라는 평가를 받게 되면서 자극적인 냄새에 끌린 행인들이 급기야 돈을 주고 사먹게 되었다.

　"꼭지떼들이 먹는 추어탕, 해장국 맛이 죽인다더라"는 입소문이 지체 높은 양반들의 귀에 들어가는 데는 시간이 오래 걸리지 않았다. 더구나 중국의 고서인 서긍의 《고려도경》, 이시진의 《본초강목》은 물론이요, 허준의 《동의보감》, 서유구의 《전어지》 등 우리 문헌에서도 추어탕의 효능에 대해 줄줄이 설파해놓았으니, 더욱 솔깃했을 것이다. '성질은 따뜻하고 맛은 달며 독이 없다'거나 '숙취에 좋고 양기를 보충해주어 백발을 흑발로 변하게 한다'는 기록은 물론, '일주일만 먹어도 정력이 되살아난다'는 속설까지 낳았다. 그러나 냉수 마시고도 이를 쑤셔야 하는 양반의 체면에 거지들이나 먹는 비천한 음식을 가까이한다는 것은 쉽지 않은 일이었다. 드디어 마나님들이 나선다. 누가 볼세라, 한밤중 몰래 추어탕을 끓여 사랑채로 가져간다. 추어탕은 남몰래 영감들에게 먹이던 '사랑의 묘약'이기도 했던 것이다.

　전국 어디서나 미꾸라지를 잡을 수 있는 데다 요리법도 비교적 간단한 서민 음식이었기 때문에, 예부터 각 고장의 특성에 맞는 다양한 요리 형태가 전해온다. 서울·경기도식, 전라도식, 경상도식, 강원도식 등이 그것이다. 이중 서울·경기도식은 다른 곳과 달리 삶은 미꾸라지를 으깨거나 갈지 않고 통째로 사용해 특별히 추어탕이라는 이름 대신 '추탕'이라고 부른다.

또 하나, 조선 실학자 이규경이 쓴《오주연문장전산고》를 보면 '추두부탕'이라는 색다른 형태가 있다. 미꾸라지와 흰 두부를 솥에 넣고 불을 지피면 미꾸라지가 점점 뜨거워지는 열기를 피해 두부 속으로 파고들어 잔뜩 약이 오른 채 익는다. 얼마간 시간이 흐른 후 적당한 크

• 경국지색 초선. 그녀의 이름이 추어탕에 들어가는 이유는 무엇일까?

기로 썰어 초간장에 찍어 먹거나 갖가지 양념과 함께 탕으로 끓이기도 한다. 추두부탕은 '초선두부'라고도 불리는데, 후한 말 권력 실세이던 동탁이 중국 4대 미인 중 한 명으로 불리는 초선의 미색에 빠져 스스로 명을 재촉했다는 고사에 빗대어 이름이 지어졌다고 한다. 두부는 초선의 백옥 같은 피부를, 미꾸라지는 교활한 동탁을 상징한다.

후한 189년 십상시의 난이 일어난 틈을 이용해 동탁이 기습적으로 권력을 장악한다. 사도 왕윤이 동탁을 제거하기 위해 고심하던 차에 수양딸 초선이 나선다. '달도 부끄러워 숨었다'고 해서 폐월閉月이라

할 만큼 천하일색이었다. 초선은 동탁과 정을 통하면서도 그의 양아들 여포에게는 "당신을 사랑하지만 동탁 때문에 어쩔 수 없다"고 눈물을 흘리며 충동질한다. 질투심이 극에 달한 여포는 급기야 자신의 양아버지인 동탁을 주살하는 패륜을 저지른다. 두 명의 적을 묶어 동시에 파멸로 이끄는 연환지계連環之計였다.

전라도식이 '남원추어탕'으로 브랜드화되어 있듯이, 강원도식은 '원주추어탕'이 유명세를 타고 있다. 강원도식은 묵은 고추장으로 국물 맛을 내 얼큰함을 강조하고 수제비를 같이 넣기도 한다. 남쪽 지방에서처럼 미꾸라지를 갈아 쓰거나 서울식으로 통미꾸라지를 넣는데, 지금은 먹기 좋도록 갈아서 끓이는 것이 대세인 것 같다. 본래는 개울 옆에 큰 가마솥을 걸어놓고는 물가 풀숲 등을 헤쳐가며 족대로 미꾸라지를 잡은 다음, 잔가지들로 불을 지펴 즉석에서 끓여내는 '천렵 방식'이 원조라 한다.

어린 시절을 회고해보면, 네댓 명의 악동들이 작당해 커다란 삽 하나씩들고 한겨울 꽁꽁 얼어붙은 동네 논바닥을 파헤치던 기억이 새록새록하다. 허리춤 정도까지 파내려 가다 보면, 물웅덩이가 만들어지면서 겨울잠을 자고 있던 흑갈색의 미꾸라지들이 여기저기 꿈틀거리고, 어떤 놈은 날카로운 삽날에 바로 몸뚱이가 잘려나가기도 했다. 한 번에 100여 마리는 족히 포획했던 것 같다. 지금은 그 일대가 전부 주택지로 변해버려 자취조차 찾을 길이 없다. 설령 당시의 논들이 그대로 남아 있다 하더라도 온통 화학비료와 농약, 살충제로 찌들어서 미꾸라지들이 온전히 살고 있을 리 만무하다는 생각이 든다.

• 특별한 놀이기구도 먹을거리도 없던 시절, 마을 냇가가 그저 만만한 놀이터였다. 족대로 미꾸라지 등을 잡던 아이들의 모습이 소박하고도 정겹다.

오늘날 판치는 중국산 추어탕이 아닌 그 옛날의 토종 미꾸라지탕의 맛이 어떠했는지 이제는 좀처럼 생각나지 않으니, 참으로 세월이 많이 흐른 듯하다.

두메산골에서 서울 강남으로 진출하다

우리 민족은 '나물 민족'이다. 조선 후기 우리말의 어원을 설명한 《동언고략》에서 '일찍이 신라인들은 온갖 사물에 국가의 이름 글자인 '라羅'자 붙이기를 즐겼으니, 나라가 곧 '라라羅羅', 나무가 '라목羅木'에서 비롯된 것처럼, '라물羅物'도 신라의 백성이 많이 먹는 식물이라는 뜻에서 유래한다'고 설명하고 있다.

이처럼 나물은 우리 조상의 먹을거리와 밀접한 관계가 있었다. 실제로 우리 조상은 남자든 여자든 아홉 살 무렵까지 33가지의 나물 이름을 익혔고, 여인의 경우는 결혼에 앞서 그 많은 나물 종류를 알고 요리하는 것이 신부 수업의 중요한 부분이었다. 그러다 보니 민간에서는 암기의 방편으로 운율을 담은 '나물 타령'이 자연스럽게 구전되어 왔으며, "99가지 나물 타령을 부를 줄 알면, 3년 가뭄도 이길 수 있다"고 했다.

비 오느냐 우산나물, 강남이냐 제비풀

군불이냐 장작나물, 마셨느냐 취나물

취했느냐 곤드레, 담 넘느냐 넘나물

시집갔다 소박나물, 오자마자 가서풀

안줄까봐 달래나물, 간지럽네 오금풀

이산저산 번개나물, 정 주듯이 찔끔초

한푼두푼 돈나물, 매끈매끈 기름나물

어영 구부정 활나물, 돌돌 말아 고비나물

칭칭 감아 감돌레, 집어 뜯어 꽃다지

머리끝에 댕기나물, 뱅뱅 도는 돌기나물

　이러한 나물은 신분의 고하를 불문하고 어느 가정에서나 식단을 풍성하게 하는 음식이기도 했으나, 어렵던 시절 보릿고개에는 민초들의 주린 배를 채워주는 식량이 되는 경우가 허다했다. 이를 대변하는 풍습으로 '산나물 서리'라는 것이 있었다. 가난한 아낙네들이 이 산 저 산을 찾아다니며 뜯은 나물을 광주리에 담아 부잣집 마당에 풀어놓으면, 여주인이 나와 살펴보고는 밥을 내준다. 이 밥으로 오랜만에 포식을 하고 보리든 쌀이든 얼마간의 곡식을 가지고 돌아간다. '서리'라고 하지만, 마을의 악동들이 떼를 지어 남의 곡식, 과일, 가축 따위를 훔쳐 먹는 장난을 뜻하는 '원조' 서리와는 사뭇 다르다. 어디까지나 빈부 간의 물물교환 형태이니 서럽기는 하지만 한편으로는 상부상조의 정감 어린 면도 담겨 있었다.

　얼마 전 한 언론기사가 눈길을 끌었다. '강원도의 힘은 산나물에서 나온

• 윤두서의 〈나물 캐기〉. 하루를 연명하기 위한 나물 캐기가 버겁기만 해, 잠시 고개 들어 하늘을 나는 이름 모를 새의 자유와 여유로움을 부러운 듯 바라본다.

다'는 제목과 함께 각종 산나물의 종류와 효능을 소개한 내용이었다. 산림이 전체 면적의 82퍼센트에 달하는 데다 해발 1,000미터를 넘는 준령들이 즐비한 산의 고장이니, 이곳에 온갖 산나물이 가득한 것도 자연스러운 일이다. 이 가운데 10여 년 전부터 불기 시작한 이른바 '참살이'웰빙 열풍이 번지면서 도시민들로부터 각광을 받고 있는 것이 곤드레와 곰취다. 예전에는 주로 강원도 심산유곡에서 자라던 것들이 이제는 밭에서 재배되고 있는 가운데 곤드레 나물밥은 다이어트 음식으로, 곰취는 산나물로는 드물게 날것으로 먹을 수 있고 항암효과가 높아 건강식으로 인기가 높다.

곤드레는 옛날 강원도 산골에서 곡식을 담아두던 뒤주에 거미줄이 쳐질 무렵 쌀 한 줌 넣고 죽을 쑤어 양을 불리던 대표적인 구황식물로서, "커다란 이파리가 바람 불면 마치 술 취한 것처럼 오락가락한다"고 해서 붙여진 이름이다. 구전민요인 정선아리랑에서는 '…곤드레만드레 우거진 골로/ 우리네 삼동네 보나물 가세/ 한 치 뒷산에 곤드레 딱죽이 임의 맛만 같으면/ 올 같은 흉년에도 봄 살아나네…'라고 읊고 있다. 여기서 '만드레'란 과거 부농들이 술과 고기를 내어 농사짓는 머슴들을 위로하고 마을 주민들의 화합을 위해 열었던 풍년 기원 놀이마당 '만드리'에서 유래했다고 한다. 이때 잔치에 모인 많은 사람이 흥에 겨워 흐느적거리는 모습을 운율화한 것이 아닌가 싶다. 곤드레의 학명은 '고려엉겅퀴'로 우리나라에만 자생하는 토종 식물이다. 엉겅퀴는 피를 '엉기게' 하는 지혈작용을 한다고 해서 붙여진 이름인데, 종류는 세계적으로 250여 가지에 달한다.

비교적 척박한 땅에서도 잘 자라서인지 성스럽고 강인함을 상징하는 이야기들이 다수 전해온다. 성모 마리아가 예수 처형 이후 십자가에서 대못을 뽑아내어 심은 곳에서 나왔다는 전설에 따라 엉겅퀴 꽃은 그리스도교의 성화聖花가 된다. 또 흰색 엉겅퀴는 마리아가 이집트로 피난 갈 때 흘린 젖이 엉겅퀴에 떨어져 흰색 반점이 생긴 것이라고 해서 '우유 엉겅퀴' '성聖엉겅퀴'로도 불린다.

스코틀랜드에서는 엉겅퀴가 '나라를 위기에서 구한 꽃'이라고 해서 국화國花로 받들어지고 있다. 10세기 중엽 스코틀랜드가 이민족들에 밀려 성城 하나에 겨우 부지하고 있었을 무렵, 덴마크인의 조상인 데인족이 총공격에 나선다. 수많은 병사들이 야음을 틈타 신발을 벗고 몰래 접근해 성을 기습하는 작전이었다. 그러나 많은 인원이 성으로 다가가던 중 주변에 무성하게 자란 엉겅퀴의 날카로운 가시에 찔려 비명을 지르자, 스코틀랜드 병력이 재빨리 역습에 나섬으로써 조국을 누란의 위기에서 구했다고 한다.

• 스코틀랜드를 상징하는 휘장에 엉겅퀴 꽃이 둘러쳐져 있다.

한편, 곰취는 '곰이 겨울잠에서 깨어나 가장 먼저 찾는 나물'이라는 뜻으로 '웅소熊蔬', 또는 잎이 마치 말의 발자국 같다고 해서 '마제엽馬蹄葉'이라고도 한다. 국화과 초식류들을 통상 '취나물'이라고 하는 것과는 달리, 곰취라는 독자적인 명칭으로 불릴 만큼 특성을 인정받고 있어 '산나물의 제왕'이라는 별칭도 얻었다. 지금이야 그 향과 씁싸름한 맛을 느끼기 위해 생식하는 것이 대세이지만, 예전에는 강원도 산간에서 주로 잎을 데쳐 만든 '곰취쌈밥'이 학생들의 도시락이 되곤 했으며, 지리산 빨치산들은 산속에서 '곰취죽'을 끓여 먹기도 했다고 한다. 곰취에 대한 예찬은 《동의보감》 《본초강목》 등 여러 문헌에 나타나고 있는데, 〈전원사시가〉와 같은 글에는 풍류까지 느껴진다.

> 어젯밤 좋은 비로 산채가 살졌으니 광주리 옆에 끼고 산중에 들어가니 주먹 같은 고사리요 향기로운 곰취로다.…국 끓이고 나물 무쳐 취 한 쌈 입에 넣고 국 한 번 마시나니 입안의 맑은 향기 삼키기 아깝도다. 구중한 우리 님도 이런 맛 알으시나.

철원지역에는 금학산과 곰취에 얽힌 전설이 내려온다. 지금부터 1,100여 년 전 궁예가 태봉국을 세우려 할 때 진산을 어디로 할 것이냐를 놓고 고민에 빠졌다. 풍수설의 대가였던 도선국사가 "금학산을 진산으로 하고 도읍을 정하면 300년 왕국이 될 것이요, 고암산을 택하면 30년밖에 못 갈 것"이라고 예언했기 때문이다. 결국 주위의 수많은 충고를 물리치고, 지금의 북한 땅인 고암산을 진산으로 하는 풍천원으로 천도한다. 이는 삼한 통일과 함께 고구려의 옛 영토를 회복하고자 하는 북방 진출까지 내다본 선택이었다. 그러나 도선국사의 예언은 정확히 맞아떨어져 태봉국은 건국 16년 만에 수하 장수들의 쿠데타로 멸망한다. 이에 금학산이 크게 억울해하며 3년간 울음을 그치지 않고 초목에는 제대로 싹이 나지 않았으며, 왕건 세력에 죽임을 당한 수많은 장졸들은 곰취로 변해 그 억울함으로 한동안 맛이 써서 먹지 못할 지경이었다고 한다.

곰취의 국내 최대 산지는 강원도 양구로 알려져 있다. 지난 2004년부터 매년 5월 곰취 축제가 열려 20만 명이 넘는 인파가 몰리는데, 이중 60퍼센트 이상이 서울과 경기도에서 온 방문객이라고 한다. 인구 2만 명이 겨우 넘는, 강원도에서도 가장 적은 사람들이 모여 사는 군이지만, 주민들은 이곳이 우리 국토의 정중앙 지점이라는 자부심을 갖고 있다.

축제의 주 무대인 대암산은 양구와 인제에 걸쳐 있는 산인데, 주변에 위치한 해안면의 지명 유래가 흥미롭다. 옛날 이 산 일대에 뱀이 너무 많아 주민들에게 큰 골칫거리였다고 한다. 고심 끝에 천적인 돼지를 많이 풀어 놓았더니 뱀이 점차 자취를 감추고 마을의 평온을 되찾았다고 해서 '돼지해亥'자와 '편안할 안安'자를 쓰게 되었다고 전한다. 어찌 되었든 이곳 곰취의 인기가 급증하면서 공급이 수요를 따라가지 못할 정도라 하니, 곰취 또한 이 마을의 돼지처럼 주민들의 삶을 편안하고 윤택하게 해주는 '효자 나물'이라는 생각이 든다.

태국의 강원도 찰옥시기는 한국 돈 천 원!

지난 2004년 일행 10여 명과 함께 태국의 유명한 휴양지 파타야 해변에 앉아 관광객들의 물놀이 모습을 한가롭게 지켜보고 있을 때였다. 햇볕에 새카맣게 그을린 현지 소년 한 명이 다가오더니 혀 꼬부라진 발음으로 외친다. "강원도 찰옥수수 한국 돈 1,000원!" 장난기가 발동해 어설픈 영어로 "강원도 찰옥수수 맞냐?"고 하니 당연하다는 듯이 우긴다. "강원도 감자는 없냐?"고 물었더니 무슨 이야기인지 모르는 눈치였다. '강원도' 하면 '감자'가 연상되는 한국의 정서를 알 턱이 없으니, 당연한 노릇이었다.

어쨌든 이국 땅에서 고향 특산물 이야기를 들으니 반갑기도 해서 강원도 찰옥수수, 아니 태국산 옥수수를 사주면서 한 수 가르쳐주었다. 강원도 토박이 말로는 '옥수수'가 아니라 '옥시기'라고 한다는 것을. 태국 소년은 몇 번을 연습하더니 한번에 20개씩이나 판 것이 신났던지 큰 소리로 이렇게 외치며 되돌아갔다. "강원도 찰옥시기 한국 돈 1,000원!"

잘 알려진 대로 1492년 콜럼버스는 아메리카 신대륙을 발견했다. 그는 그곳에서 유럽 대륙에서는 보지 못한 식물들을 보게 되는데 대표적인 것이 옥수수였다. 이후 옥수수는 인류의 새로운 식량자원이 되면서 세계 인구를 급속히 늘리는 데 중요한 역할을 했다. 특히 거친 토질의 산간 및 내륙에서도 잘 자라 밀이나 쌀이 갖고 있는 생산지의 한계를 보완해주며, 밀, 벼와 함께 세계 3대 식용작물로 자리매김했다. 쓰임새 또한 식량, 사료는 물론, 제약, 제지, 석유대체 연료 등 산업 원료로도 활용될 정도로 인류의 생존과 문명 발전에 혁혁한 공을 세웠다. 일찍이 옥수수가 유용하다는 것을 간파했는지 원산지로 알려진 아메리카 대륙에 살던 잉카, 마야, 아즈텍인들이 자신들을 옥수수의 후손으로 여겼다는 전설이 내려오고 있다.

오랜 옛날 신은 금으로 인간을 만들었다. 번쩍번쩍 빛나는 것이 보기는 좋았으나, 몸이 무거워 도대체 움직임이 없었다. 실패한 것으로 보고 이번에는 나무로 인간을 만들었다. 날렵하고 일도 잘했으나, 신에게 감사할 줄 몰랐다. 두 차례의 시행착오를 거쳐 급기야는 옥수수 반죽을 빚어 인간을 창조했다. 몸놀림이나 신에 대한 공경 등 모든 것이 만족스러웠다. 더구나 옥수수는 그 색깔이 흰색, 노란색, 검은색, 주황색, 보라색 등 다양해 피부색이 다른 여러 종류의 인간을 만들 수 있었으니 대단히 성공적이었다.

한반도에 옥수수가 들어온 시기에 대해서는 논란이 많다. 고려시대까지 거슬러 올라가기도 하지만, 대체로 16세기 중국을 통해 전래된 것으로 본다. 이에 따라 그 이름도 중국식의 당서唐黍, 옥촉서玉蜀黍, 옥고량玉高粱 등 참으로 다양하다. 다만 옥수수라고 하기 전에는 '옥촉서'라고 통용되었고 1950년대까지는 관공서 공문에도 그렇게 쓰였다고 한다. 이는 '중국 촉나라 땅에서 나는 옥 같은 수수'라는 뜻으로, 《삼국지》에 나오는 촉나라가 척박한 곳으로 소문난 지역이었음을 상기해보면 그곳에서도 백성의 부족한 식량을 채워주던 보배로운 식물이었을 것으로 짐작된다. 또 하나, 자주 쓰이는 '강냉이'란 명칭은 중국 양자강 이남을 가리키는 강남 지역에서 왔다고 해서 붙여진 '강남이'가 변한 것이라고 한다.

우리나라의 옥수수는 크게 식용, 사료용 두 가지로 분류된다. 식용 옥수수에는 재래종인 찰옥수수와 수입종인 단옥수수가 있다. 남부 평야지역에서 주로 재배되는 단옥수수는 점차 재배면적이 감소하는 추세인 반면, 강원도 산간지역 중심의 찰옥수수는 갈수록 확산되는 형국이다. 이는 찰옥수수에 대한 선호도가 높아지면서 생산지가 전국적으로 확대되고 있기 때문이다. 찰옥수수는 쫄깃쫄깃한 찰기가 특징으로 지금이야 간식용으로 쓰이지만, 과거 평지의 비중이 낮은 강원도 산간 오지에서는 감자, 고구마 등과 함께 쌀, 보리의 대체식품이었다.

1950~1960년대만 해도 초등학교에서는 학교 건물 뒤편에다 가마솥을 걸어놓고 옥수수죽을 끓여 퍼주거나 옥수수빵을 나누어주기도 했다. 하루 세끼를 꼬박꼬박 챙겨 먹을 수 있는 사람들이 그리 많지 않았던 시절이었다. 강원도의 산간지역은 정도가 더 심했다. 오죽하면 "정선 색시는 쌀 서 말도 못 먹고 시집간다"거나 "정선군의 한 해 벼 매상이 원주 문막면에도 못 미친다"고 했겠는가? 이때 그곳 민초들이 주로 해 먹던 것이 '올챙이국

수'였다. 추수를 앞두고 식량이 슬슬 동날 즈음, 주로 사료로 쓰던 메옥수수를 갈아 구멍 난 바가지에 담아 아래로 흘리면 올챙이 모양처럼 뚝뚝 떨어지는데, 이를 찬물에 굳히면 올챙이국수가 된다. 이것이 지금은 수도권에도 상당히 알려진 '정선 5일장'의 대표 음식 중 하나다. 얼마 전만 해도 "올챙이로 국수를 해 먹어?"라며 이를 진짜 올챙이와 연관지어 생각하는 사람들도 있었다고 하니, 웃음이 절로 나온다. 붕어빵에 붕어가 없듯이 올챙이국수에는 올챙이가 없다.

옥수수가 동서양을 불문하고 옥처럼 귀하다거나 숭배의 대상이 되어 온 것과는 달리, 감자는 16세기 중반 스페인 사람들이 남미의 안데스 산맥에서 발견해 유럽에 보급했으나, 오랜 기간 홀대를 면치 못했다. '악마의 식물'로 낙인찍힌 가운데, 먹으면 나병에 걸린다는 등 악성 루머가 번져 '돼지 또는 전쟁 포로들에게나 주는 비천한 식품'으로 치부되었다. 이는 조리법이 제대로 개발되지 못한 시절 감자 싹에 들어 있는 유독물질 '솔라닌'의 폐해가 부풀려졌기 때문이다. 뿐만 아니라 더럽고 시커먼 땅속에서 나오는 투박한 열매라는 겉모습에 따른 미신과 성경에 나오지 않는 식물이라는 왜곡된 신앙심에서 비롯된 편견 역시 감자 홀대에 한몫했다. 이러한 오해의 잔재는 지금까지도 여전히 남아 있다. potatohead 얼간이, couch potato 게으른 놈, hot potato 뜨거운 감자 등 서양의 부정적인 표현마다 억울하게도 감자가 결부되어 있다.

이와 달리, 감자를 남자의 고환으로 상징화해 강장식품으로 둔갑시킨 사례도 있다. 총 여섯 번의 결혼과 화려한 여성 편력 등으로 유명했던 영국의 헨리 8세는 감자를 최음제로 여겨 자신의 정원에 남모르게 심고 정성껏 가꾸었으며, 귀족들도 은밀히 이를 따라했다고 한다. 한편, 일반적으로 '감자와 바위가 많은 산촌에 사는 강원도 남자'를 의미하는 '감자 바우'와 관련된 야설 또한 흥미롭다. 예부터 "강원도 남정네의 고환이 마치 그 지역에 많은 감자와 바위처럼 튼실하다"는 소문이 구전되어, 급기야 음탕한 여황제로 불리던 청나라 서태후 귀에까지 들어가 "조선의 강원도 사내 열 명을 데려오라"고 했다는 믿기지 않는 이야기까지 전해온다. 이러한 근거 없는 우스갯소리의 연상작용인지, 수년 전 수도권 대학생들을 대상으로 실시한 여론조사에서 강원도 남성들에 대한 선입견을 묻자 '변강쇠'가 2위21퍼센트를 기록해 실소를 자아낸 바 있다. 1위27퍼센트는 당시 인기를 끌었던 영화 〈웰컴 투 동막골〉의 영향으로 '사투리'였다.

여하튼 감자 보급 초기에 유럽에서 씌워진 누명도 세월이 흐르고 문명이 진화하면서 점차 벗겨진다. 연구 결과, 감자에 독성은커녕 오히려 비타민 C, 식이섬유 등이 풍부한 데다 맛도 자극적이거나 유혹적이지 않고, 변하지 않는 담백함의 묘미가 있다는 것을 인정하기에 이른다.

더구나 감자는 짧은 재배기간, 우수한 저장성 등을 무기로 대흉년 또는 기근을 겪을 때마다 민초들을 굶주림과 영양 결핍으로부터 구해내는 수호천사 역할을 했다. 이로써 인류의 생존과 인구 증가를 지탱해온 '은인 식물'로 인식되고, 급기야 '땅에서 나는 사과'로 칭송받기에 이른다. 지난 2000년 세계 빈곤 퇴치를 새천년 최우선 과제로 선정한 유엔은 2008년을 '감자의 해'로 선포하고, 감자를 '감추어진 보석hidden treasure'이라고 소개하며 다량 재배를 권장하기도 했다.

특히 감자는 전쟁과 관련이 깊다. 스페인의 잉카제국 침공을 통해 감자

• 깊은 산촌 화전민의 실제 모습. 즐거워 웃는 것인지 그저 허허로워 웃는 것인지 속내를 알 수 없는 묘한 표정에서 때묻지 않은 순박함이 느껴진다.

가 유럽에 알려지게 되었고, 18세기 오스트리아와 프로이센의 30년 전쟁은 이른바 '감자 전쟁'으로 불리기도 한다. 상대편 병사들을 아사 상태로 몰아 전투의욕을 떨어뜨리기 위해 감자 보급로를 차단하는 데 주력했기 때문이다. 나폴레옹 전쟁은 오랫동안 감자를 혐오해오던 영국인들의 인식을 바꾸어놓는 전환점이 되었으며, 제2차 세계대전 당시 연합군이 독일의 감자밭을 초토화해 전쟁을 조기에 종결시킬 수 있었다는 분석도 있다. 오늘날에는 감자 원산지를 둘러싸고 남미의 페루와 칠레 간에 치열한 원조 공방전이 일어나고 있으니, 새로운 형태로 전개되는 '또 하나의 감자 전쟁'이라 할 것이다.

감자가 한반도에 들어온 경로에 대해서는 두 가지 주장이 엇갈린다. 1820~1830년대 만주·간도지방을 거쳐 유입되었다는 설과, 서양 선교사에 의해 서해안 일대에 최초로 전래되었다는 주장이 그것이다. 조선시대에는 '북저' '토감저'라고 했으며, 감자라는 호칭은 고구마를 의미하는 '감저甘藷'와 구분 짓기 위해 붙여진 이름이다. 중국식 명칭은 '마령서馬鈴薯'라고 했는데, 감자를 '말의 방울'처럼 여긴 것이 재미있다. 우리나라에 들어온 감자는 강원도와 함경도 일대에서 주로 화전민들 사이에 '흉년에 기아를 이기는 작물'로 집중 재배되었다. 특히 강원도의 경우 감자가 반半주식 역할을 함으로써 감자전·감자수제비·감자송편·감자옹심이·감자술 등 온갖 토속 음식이 생겨났으며, 지금도 전국 감자 생산량의 4분의 1 이상을 차지하는 최대 산지로 '감자골'이라는 별명까지 얻게 되었다.

한편, 고구마는 원산지 남미 안데스 산맥가 감자와 같지만, 유럽의 평판은 감자와 달리 매우 우호적이었다. 아무 데서나 잘 자라는 감자에 비해 재배

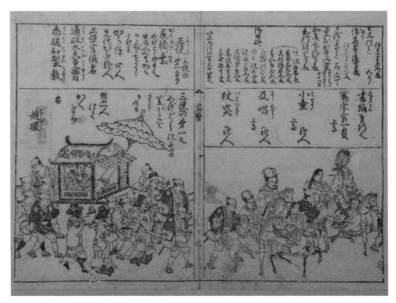

• 18세기 조선 통신사의 행렬 모습. 이때 조선 백성들의 기근을 떠올린 조엄의 눈에 들어온 고구마가 수많은 민초들의 배를 채워주게 된다.

조건이 비교적 까다롭고 귀해 상류층의 부의 과시물로 여겨졌는가 하면, 서양인들이 좋아하는 달콤한 맛까지 갖추고 있어 이른바 '귀족 식물'로 대우받았다. 우리나라의 경우 조선 영조 때 예조참의 조엄이 통신정사로 일본에 가던 중 대마도에서 발견해 국내로 반입했다. 그 후, 자신이 부사를 역임한 부산 동래에서 최초로 재배에 성공했으며 이를 계기로 전국 각지에 널리 보급하게 된다. 조엄은 당시 기행문인 《해사일기》에서 고구마의 유래와 자신의 소망에 대해 다음과 같이 밝히고 있다.

대마도에 감저라는 게 있는데 '효자마孝子麻' 또는 그곳 말로 '고귀위마古貴爲麻'라고 한다. 우리나라에 잘 퍼진다면, 고려 때 들어온 문익점의 목화씨처럼 우리 백성을 매우 이롭게 할 것이다. 동래에서 잘 자라서 제주도 등 여러 섬으로 전파되어 나갔으면 좋겠다.

원주 출신인 조엄은 풍양 조씨 명가의 후손으로 아버지 조상경이 4조 판서를 지낸 중신이었다. 게다가 영의정 홍봉한의 매부로 정조의 어머니 혜경궁 홍씨의 고모부였으니, 왕실의 일족이었다. 로열 패밀리로서의 애민정신 때문인지 고구마를 처음 접하는 순간 이를 조선으로 가져다 심으면 굶주린 백성이 춘궁기를 넘기는 데 큰 도움이 될 것으로 보았던 것이다.

사실 그전에도 이미 두 차례나 일본 통신사가 다녀간 바 있고, 부산과 대마도 간의 상호 교류 및 무역을 하던 세견선이 수시로 왕래하고 있었음에도 아무도 구황작물로서 고구마의 진가에 주목하지 못한 듯하다. 민초들의 삶을 개선하고자 했던 한 관리의 안목과 열정이 조선사회의 식문화를 한 단계 높이는 전환점을 만든 것이다. 이 때문에 고구마에는 '조엄이 가져온 마라는 뜻에서 '조저趙藷'라는 별칭이 붙게 되었다.

3 암하노불이 울뚝밸을 부리면

특정 지역 사람들의 기질을 일률적으로 규정짓는 것 자체가 비과학적이고 자칫 위험한 일일 수 있겠으나, 여러 기록에 담긴 강원도인의 성정은 순박함과 촌스러움이다. 달관한 부처님처럼 인자하긴 하지만, 바위 아래 좌정해 좀처럼 움직임이 없으니 세상사에 밝지 못한 듯하다.

그러나 불의와 부당함이 도를 넘는다 싶으면, 아예 현실을 등져버리거나 폭발적인 저항감을 드러낸다. 이는 조선 시대, 허균과 이괄의 반역을 낳았고 자신의 조국과 주군을 지키려는 걸출한 무인들의 충절로 나타나기도 했다.

바위 아래 늙은 부처, 흉이냐 칭찬이냐

조선 개국 초기 새 왕조의 설계자로 풍수에도 밝았던 정도전은 태조 이성계의 명을 받아 팔도를 시찰한 후 그 결과를 임금 앞에서 아뢴다. 온갖 보고 느낀 바를 설명하던 중 각 지역 사람들의 기질에 대한 이야기가 나와, 이를 사자성어로 읊기 시작한다.

> 경기도는 경중미인鏡中美人, 거울 속 아름다운 여인과 같이 겉은 화려하고 좋으나 실속은 그다지 없는 듯합니다.
>
> 충청도는 청풍명월淸風明月, 맑은 바람과 밝은 달처럼 부드럽고 고상하며 풍류를 즐깁니다.
>
> 전라도는 풍전세류風前細柳, 바람에 흩날리는 버드나무같이 멋을 알고 붙임성이 있으며 유연합니다.
>
> 경상도는 태산준령泰山峻嶺, 큰 산과 험한 언덕과 같이 선이 굵고 웅

장하며 험악한 기개를 갖고 있습니다.

강원도는 암하노불岩下老佛, 바위 아래 앉아 있는 늙은 부처님 형상으로 어질고 인자하며 유순합니다.

황해도는 춘파투석春波投石, 봄바람 타고 살랑대는 물결에 돌을 던지는 듯 부드러움이 있습니다.

평안도는 맹호출림猛虎出林, 숲 속에서 나온 호랑이처럼 매섭고 사나우며 용맹한 데다 과단성이 엿보입니다.

태조는 자신의 고향인 함경도가 빠지자, 정도전을 안심시키기 위해 "무슨 이야기를 하든지 나무라지 않을 테니, 걱정 말고 말하라"며 재촉한다. 정도전이 마지못해 조그만 소리로 말하기를 "이전투구泥田鬪狗, 개들이 진흙탕에서 뒹굴며 싸우는 꼴입니다"라고 답한다. 그 말을 들은 태조가 얼굴을 찌푸리자, 눈치 빠른 정도전이 "석전경우石田耕牛, 돌밭을 일구는 소처럼 근면하고 우직한 면도 있습니다"라고 말을 돌린다. 그제야 태조는 동감을 표시한 후 파안대소하며 상을 내렸다고 한다.

• 이성계에게 새로운 세상의 개벽을 주문하고 조선 창업의 주역이 된 삼봉 정도전. 그런 그도 이른바 '왕자의 난'을 맞아 이방원에 의해 제거된다.

사실 각 지방의 기질과 인심에 대한 평가는 역사가 오래되었다. 해당 지역의 특징을 담백하고 평면적으로 설명하기도 하지만, 간혹 상대방을 비난하기 위한 목적으로 사실을 왜곡해 분란을 일으키기도 한다.

강원도에 관한 최초의 기록은 중국의 고문헌인《후당서》동이전의 기록일 듯싶다. 여기에서는 강원도를 일러 '사람들이 선량해 서로 물건을 탐하지 않고 문을 닫아거는 법이 없으며 여인들은 정숙하다 其人終不相盜 無門戶之閉 婦人貞信'고 묘사하고 있다. 고려의 사서史書《삼국유사》에도 강원도 사람의 순박하고 겸양하는 모습이 엿보이는 기록이 나온다. 국문학사상 주요 작품으로 꼽히는 신라의 향가〈헌화가〉에 얽힌 사연이다.

성덕왕 때 순정공이 강릉태수로 부임하러 가던 길에 바닷가에서 점심을 먹게 되었다. 주위에 높이가 천 길이나 되는 바위가 있어 그 꼭대기에 철쭉이 흐드러지게 피어 있었다. 수로부인이 일행에게 "누가 저 꽃을 꺾어다 주겠느냐?"고 했으나, 사람이 오르지 못하는 곳이라며 누구도 나서지 않았다. 때마침 소를 끌고 지나던 한 노인이 이 광경을 보고는 꽃을 꺾어 와 바치며 노래를 불렀다. "자줏빛 바위가에/ 암소 잡은 손 놓게 하시고/ 미천한 이 노인을 부끄럽게 여기지 않으신다면/ 이 꽃을 바치겠나이다."

또《동국여지승람》의 강원도 풍속조에서는 '사람들의 성품이 우직하고 성실하며, 고지식하고 욕심이 적어 남에게 무엇을 구하려 하거나 아쉬운 소리를 하지 못한다 其人性愚慤 少嗜欲不請匃'고 말하고 있다.

임진왜란에 참전했던 명나라 지리참모 두사충의 사위 나학천은 조선 팔도의 형상을 인체와 동물에 각각 비유해 말하던 중 "강원도는 인체의

• 김홍도의 〈송하노승도〉. 부처님은 법당 안에 계셔야 하거늘 어찌 바위에 자리를 잡으셨는가?
자신의 몫까지 양보하는 미덕의 극치인지, 아니면 삼라만상을 관조하시려는 깊은 뜻인지….

갈빗대에 해당하고 동물로는 꿩이며, 그곳 사람들은 한군데 계속 머물러 살고 있어 아는 것이 미흡하다蟄伏知短"고 평가했고, 이중환은 《택리지》 복거총론 인심 편에서 '강원도즉협맹다준江原道則峽氓多蠢', 즉 뱀이 똬리를 틀고 있듯이 산골에 파묻혀 뭔가를 해보려 꿈틀거린다고 지적했으며, 정조 때의 문신 윤행임은 임금과 함께 지역별 인심에 대해 환담하던 중 "강원도인은 암하고불岩下古佛, 즉 바위 아래 앉아 있는 오래된 부처와 같은 모습"이라고 했다.

이렇듯 당시 이들의 강원도 사람들에 대한 평가와 표현은 대체로 일관성을 갖고 있다. 가장 많이 인용되는 것이 '암하노불岩下老佛' 또는 '암하고불岩下古佛'이다.

암하노불은 암하고불이 의도적으로 변질된 것이다. 통일신라시대 말기 불교에서 종래의 교종을 대신해 선종이 득세하게 되면서 이른바 '구산선문九山禪門'이 일어나 범일국사 등 저명한 선승들이 강원도 일대 사찰로 모여들어 수도하게 된다. 이러한 연유로 고려 말까지는 강원도 사람들을 선승들에 빗대 '암하고불岩下高佛', 즉 '바위 아래 있는 덕이 높은 부처'라는 뜻으로 불렀으나, 조선시대에 들어서는 유교를 국교로 하면서 유학자들이 "부처의 시대는 물 건너갔다"며 암하고불岩下古佛 또는 암하노불岩下老佛로 격하시켰다.

그러나 임진왜란 때 사명대사가 금강산 유점사에서 승병을 일으키는가 하면, 일제 강점기에는 만해선사한용운가 설악산 백담사에서 그 유명한 〈님의 침묵〉을 짓고, 한암선사는 오대산 상원사에서 수도하며 일본의 패망을 예견하는 등 암하고불岩下高佛의 전통은 계속되었다. 다음은 강원도 화천

• 한암선사는 1951년 보름간 곡기를 끊고 참선을 계속하다 좌탈열반앉은 채 사망했다. 흐트러지는 마음과 몸을 곧추 세우라는 세인들을 향한 마지막 메시지는 아니었을까?

출신으로 조계종 초대 종정을 지낸 한암선사가 일본 경무국장을 만났을 때의 일화다.

1942년 일본 경무국장 이케다는 총독부와 업무 협의차 대한해협을 건너온 김에 한암선사가 고명하다는 소문을 듣고 오대산으로 찾아갔다. 그를 회유해 불교계의 협력을 얻어보려는 속셈이었다. 예의를 갖춰 절한 뒤 기습적으로 질문을 던졌다. "이번 대동아 전쟁에서 어느 나라가 이기겠습니까?" 사실상 덫을 쳐놓는 질문이었다. 일본이 이긴다고 하면 아첨이요, 진다고 하면 적잖은 핍박을 각오해야 할 판이었으니 빠져나갈 구멍이 없는 듯 보였고 동석했던 스님들도 잔뜩 긴장했다. 그러나 한암선사는 잠시 눈을 감았다가 추호의 흔들림도 없이 말문을 열었다. "당연히 덕이 있는 나라가 이기지요." 나지막하지만 단호한 어조였다. 이케다 국장은 오묘한 이 한마디에 맥이 쭉 빠져 산문山門을 나올 수밖에 없었다.

어찌 되었건, 조선시대부터는 암하노불이 강원도인의 트레이드 마크로 회자되어 오는데, 그 말에는 다른 지역을 상징하는 말들도 그렇듯 긍정과 부정의 뜻을 같이 담고 있다. 긍정적인 의미는 주로 '순박함, 인자함, 선량함, 과묵함, 정직함, 성실함' 등이고, 부정적 의미는 '어리석음, 투박함, 조잡함, 물정에 어두움, 진취성이 부족함' 등으로 집약될 수 있다. 강원도 사람들 중에는 암하노불로 불리는 것을 싫어하는 이들이 상당히 많다. 부정적 측면을 너무 심각하고 예민하게 받아들이기 때문이다. '부처님 같은 사람'이라는 말이 비난의 뜻은 아니지 않은가?

다만 '어리석고 조잡하고 투박하며 세상사에 어두운 데다 진취성이 떨어진다'는 것은 결국 상황 변화에 민감하지 못하다는 이야기인데, 이는 험준한 산이 전체 면적의 82퍼센트를 차지할 만큼 땅덩어리는 넓은데 교통수단이 열악했기 때문에 맞는 말일지도 모른다. 하지만 이제 모든 사람들이 인터넷 등을 통해 정보를 공유할 수 있고, 춘천이나 원주 같은 곳은 서울에서 차로 한 시간 남짓 걸릴 정도로 교통이 발달한 오늘날에는 타당하지 않다. 그럼에도 강원도에 근무하는 공무원이나 회사원들이 본부 또는 본사에 회의가 있어 서울에 가면, 습관적으로 "먼 데서 오느라 고생했다"는 인사를 받는다고 한다. 사실 충청도나 경상도, 전라도는 물론 인천이나 경기도 외곽지역보다 시간이 덜 걸리기도 하는데 '강원도는 먼 시골'이라는 고정관념은 여전한 듯하다.

치열한 경쟁 속에서 사람들이 갈수록 영악해지는 데다 이해에 지나치게 민감하고 극단적 이기주의로 치달아 인간성 상실마저 우려되는 오늘날 세태에서는, 투박하지만 순수했던 강원도인의 전통적 품성마저 퇴색되어가는 것이 오히려 안타깝다. 과거 군대에서는 경리장교로 강원도 사람을 선호했고, 지난 1994년 세상을 떠들썩하게 했던 인천·부천시 세무공무원의 대규모 세금 횡령사건 당시 강원도 출신 인사들로 하여금 사태를 수습하도록 했다는 이야기는 시사하는 바가 크다.

아파트 건설업계와 분양 대행업자들 간에 회자되었다는 최근의 이야기를 소개한다. 전국을 돌면서 아파트 분양을 해보면 각 지역 사람들의 성향에 뚜렷한 차이가 나타난다고 한다. 업계에서 가장 선호하는 경상도 청약자들은 화끈하고 통이 커 계약도 쉽게 하는 편이라고 한다. 이에 반해, 호남 사람들은 매우 신중해 직원들의 웬만한 감언이설이 통하지 않으며, 충청도는 할 듯 말 듯 뜸 들이고 결정을 내리지 않아 일하기가 가장 힘들다. 수도권은 '서울 깍쟁이'라는 별명답게 시공기술까지 따지는 등 까다롭기 이를 데 없고, 강원도 사람들은 대부분 실제 거주를 목적으로 하는 데다 정직하게 상담을 요청하는 경우가 많아 비교적 속을 알기가 쉽다고 한다.

그러나 내 경험으로 보면 늘상 순박하기만 한 것은 아니다. 한번 틀어지면 좀처럼 풀리지 않는 경우도 많다. 순한 사람이 화가 나면 더 무서운 법이라고 하지 않던가?

어린 시절 강원도 영서지역에서 자랄 때 어른들로부터 "뉘 집 누구는 울뚝백이를 잘 부린다" "그놈도 사내 녀석이라고 울뚝백이가 심하네"라는 등 '울뚝백이'라는 말을 자주 들었던 기억이 있다. 요즘 강원도 출신 40~50대에게 이 말을 들려주면 공감을 나타내면서 그 의미를 '고집불통' '고집쟁이' 등으로 기억한다. 언젠가 그 말이 생각나 여기저기 뒤져보아도 끝내 찾지 못했다. 결국 화를 벌컥 내며 말이나 행동을 함부로 하는 성미를 뜻하는 '울뚝밸'이 강원도로 전해지며 지역 방언처럼 변화된 것이 아닌가 유추해보았을 뿐이다.

물론 사전적으로 그다지 유쾌한 뜻은 아니었으나, 강원도 사람들의 기질 등과 결부시켜 종합적으로 내린 나름의 결론은 '극도로 자존심이 상하고 마음에 들지 않는 일을 당해도 끈질기게 버티다가, 종국에는 머리를 돌려 외면하거나 들이받아버리는 성미' 정도다. 강릉을 중심으로 한 영동지역에서는 이와 유사한 의미를 갖는 사투리로 '뿔뚝가지'라는 말이 장·노년층에게 기억되고 있다. 이러한 성격은 긍정적으로는 주로 의기 또는 절개로 나타나지만, 간혹 분노를 누르지 못하고 반역, 반란, 역모 등으로 분출되는 경우도 있었다. 강원도의 역사를 더듬어보면 이러한 해석에 어울리는 여러 인물이나 사건을 만날 수 있다.

강릉서 양반 자랑 말고, 원주서 글 자랑 마라

누구나 한 번쯤은 "순천 가서 인물 자랑 말고, 벌교 가서 주먹 자랑 말라"는 전라도 각 고장의 특징을 나타낸 말을 들어 보았을 것이다. 지금은 아는 사람이 많지 않겠지만 이와 유사한 속언이 강원도에도 있으니 "강릉 가서 양반 자랑 말고, 원주에서 글 자랑 말며, 홍천에서 돈 자랑 말라"는 것이다. 이중 원주는 태종 이방원의 스승인 원천석과 허균, 허난설헌 남매의 스승 이달 등은 물론 고故 박경리, 김지하 선생까지 뛰어난 문재文才들의 출신지나 활동 근거지가 되었다. 한편, 홍천은 금생여수金生如水, 즉 "금이 물처럼 나온다"는 말이 있을 만큼 해방 전까지는 금광 개발이 활발해 노다지를 캐는 '광산골'로 불렸으며, 김유정의 소설《금 따는 콩밭》의 무대가 될 정도로 거부들이 많이 나왔다.

그에 비해 강릉은 강원도 내에서 혈연, 학연 등 연대감 및 결속력과 함께 서열의식과 양반의식이 유독 강한 고장으로 꼽힌다. 오늘날까지 최고령 어르신을 촌장으로 모시는 마을성산면 위촌리(우촌리)이 전국에서 유일하게 남아 있는가 하면, 삼한시대부터 생겨난 계 조직이 1,000여 개에 달해 "누구는 하루에도 두 번씩이나 계 모임에 나가니 한 달 가운데 겟날이 32일이다"라고 할 만큼 계가 활성화되어 있다. "세상에는 영원히 없어지지 않을 네 가지가 있으니 해병전우회, 고대동문회, 호남향우회, 그리고 강릉계" "둘이 만나면 술 마시고 셋 이상 모이면 계를 만든다"는 등의 우스갯소리도 있다. 그러나 이곳에서 법조 생활을 했던 이들 중 상당수가 "유독 계 문제에 얽힌 사건이 많은 지역이었다"고 회상하는 것을 보면, 단순한 유머 수준의 말만은 아님을 알 수 있다.

일각에서는 계 모임이 발달된 것을 놓고, 단순히 지역의 폐쇄성이나 외지인들에 대한 텃세 심리가 작용한 결과라는 분석도 내놓고 있다. 그러나 이는 오랜 전통을 갖고 있는 대다수 계들이 당초 지리적으로 고립된 이곳 사람들의 상호부조 정신을 고취하고 향토사회의 질서 유지를 위한 방편이었다는 사실을 간과했기 때문이다. 조선시대에 편찬된 《동국여지승람》이나 《동국세시기》와 같은 인문지리서를 보면, 이 지역 계와 관련된 경로사상 등 독특한 미풍양속의 모습을 살펴볼 수 있다.

> 노인을 공경하며 매년 7월 7일 70세 이상 되는 어르신들을 경치 좋은 곳에 모셔 위로했다. … 관공서의 여유 있는 쌀과 베를 털어 밑천을 마련했는데 비록 노비라 할지라도 칠순이 넘으면 모두 참가시켰다. 사람들은 이 계 모임을 '청춘경로회'라고 불렀다.

• 수년 전 TV프로그램 〈TV쇼 진품명품〉에서 그해 최고가인 5억 원의 감정가를 받았던 금란반월계 모임을 그린 〈금란계회도〉다. 현존하는 계 모임 중 가장 오래된 형태로 알려져 있다.

또 하나 특별한 상호결속의 풍속으로 금란반월계가 있다. 조선 세조 때인 1466년, 강릉지역 명문가 인사 16명이 내부 행동규칙인 '맹약 5장'에 따라 서로 우의를 다지고 선비로서 금도를 지켜나갈 것을 다짐하는 일종의 동아리였다. 수백 년이 훌쩍 지난 오늘날까지도 그 후손의 장자들이 계절마다 경포호 옆 금란정에 모여 전통을 이어가고 있다. 맹약 5장의 발기문은 신사임당의 외가 쪽 3대조가 되는 최응현 대사헌 역임이 지었는데, 여기서 설파한 진실한 벗에 대한 정의가 참으로 명문이다.

벗에는 두 가지가 있으니 심우心友와 면우面友다. 심우는 선한 일을 하면 기뻐하고 과실이 있으면 타이르되, 귀천을 불문하며 어려움을 당해도 늘 한결같고 분함과 욕심을 자제할 줄 아는 마음의 친구다. 반면 얼굴로 사귄 친구, 즉 면우란 나보다 똑똑하면 시기하고 과실을 발견하면 크게 드러내며 술자리에서는 형제처럼 하지만 이해타산에서는 지극히 냉담한 데다 귀하면 후대하고 천해지면 홀대하는 사람이다. 무려 550여 년 전 이야기인데도, 오늘날의 각박한 세태를 미리 경계한 듯 놀랍다.

또한, 이곳 강릉지역의 독특한 억양은 강원도 출신조차 생소하게 느껴지기도 한다. 특히 대표적인 어투로 알려진 '그랬드래요' '…했드래요' 등 3인칭 화법이 많은 데는 여러 가지 해석이 있다. 동서가 막힌 지리적 여건에서 나타난 단순한 방언으로 치부하는 것 외에, 의사 전달 시 자신의 뜻을 남의 말을 빌어 표현하는 양반 사회의 체면 중시 심리가 자리 잡고 있기 때문이라거나, 옛날 신라·고구려·백제에 번갈아 흡수되는 과정에서 생긴 보신책 또는 자신감 결여에서 비롯된 것이라고도 한다.

한편 "강릉에서 돌을 던지면 김씨 또는 최씨에게 맞는다"고 할 정도로 지역에 전통적인 뿌리를 갖고 있는 몇몇 성씨가 인구의 다수를 차지하고 있다. 게다가 지난 1976년부터 시작된 강릉농고현 강릉중앙고와 강릉상고현 강릉제일고 간 축구 정기전도 30년이 넘는 지금까지 계속되고 있다. 이처럼 뿌리와 전통을 중시하는 풍토는 대관령으로 막혀 있던 지리적 환경 등의 영향도 있겠지만, 무엇보다 1,200년 전으로 거슬러 올라가 명주강릉군왕으로 불리는 강릉 김씨 시조 김주원이 이곳에 자리 잡게 된 역사적 사건과 맥이 닿아 있다.

김주원은 신라 무열왕 김춘추의 5세손으로 시중현 국무총리 자리에 있었는데 선덕왕이 후사 없이 붕어하자, 조정의 중신들에 의해 임금으로 추대되었다. 그러나 경주로부터 200여 리 떨어진 외곽에 있다가 이 소식을 듣고 궁궐로 향하던 중 때마침 홍수를 만나면서 사건은 시작된다.

큰비로 불어난 하천을 건널 수 없어 입궐하지 못하게 되자, 그의 의형제이자 정치적 라이벌이었던 김경신_{원성왕}이 화백회의를 전격 장악, 왕위에 오른다. 비가 그친 후 대궐에 들어온 김주원에게 원성왕은 마지못해 왕위에 오를 것을 권했으나 "임금은 하늘이 내리는 것이며, 내가 큰비를 만난 것도 하늘의 뜻"이라며 사양한다. 측근들이 무력을 써서라도 왕위를 되찾아올 것을 주장하지만, 김주원은 뜻을 굽히지 않은 채 가신 3,000여 명을 끌고 어머니의 고향인 명주로 낙향한다.《동국여지승람》에서는 김주원이 명주로 올 때 최, 박, 함, 곽씨 성을 가진 측근들이 함께 따라와서 모두가 명주를 본관으로 삼음으로써 그들에 의해 이 지역의 5대 토착 성씨가 탄생되었다고 기록하고 있다. 물론 각 문중의 입장은 이와 다소 차이가 있는데 대부분은 고려시대의 인물을 시조로 삼고 있다.

김주원의 어머니는 연화부인 박씨였는데 아버지 김유정과의 러브스토리인 '신어_{神魚}이야기', 즉 김주원 탄생설화가 자못 흥미롭다. 허균이 지은 《별연사고적기》의 내용을 바탕으로 재구성해보면 다음과 같다.

> 김유정은 명주에 유후관으로 파견된다. 유후관은 신라 조정이 관할하는 중요 지역에 보내는 중앙관리로서 왕자 등 왕의 가족이 임명되었고 주로 세습되었다. 이는 군사·행정 관리는 물론, 특히 반란 위험을 봉쇄하기 위해서였다. 김유정의 아버지 김사임도 이곳 유후관으로 재임해 있던 중 토착세력가의 딸이었던 박씨 처녀와 혼인해 유정을 명주에서 낳았다. 화랑이었던 유정은 명주 유후관으로 있으면서도 주로 무술연마 등을 위해 주변 산천을 돌아다녔다. 그러던

중 냇가에서 빨래를 하던 연화부인과 만나 사랑에 빠졌다.

사랑이 깊어져 갈 무렵, 유후관 임기가 만료된 유정은 "곧 기별하겠다"고 약속한 후 서라벌로 돌아갔는데 시간이 흘러도 소식이 없었다. 연화부인의 이러한 사연을 알 턱 없는 부모는 시집보낼 자리를 만들어놓고 준비하도록 했다. 답답하기 짝이 없는 그녀는 유정과 같이 가던 연못가연화당, 양어지에 나아가 큰 금빛 잉어에게 자신의 심경을 하소연했다. 잉어가 알아듣자, 옷소매를 뜯어 '당신에게 모든 것을 바친 이상 다른 남자와 결혼할 수 없고, 이번 달 보름까지 안 오시면 자살할 수밖에 없다'는 내용의 편지를 써 잉어 입에 넣고 큰 냇가로 던졌다.

며칠 후 서라벌에서 정무에 여념 없던 유정이 부하에게 알천강에서 안줏거리 좀 잡아오라고 일렀다. 부하가 커다란 잉어를 잡아왔는데 잉어가 계속 토하더니 무언가를 뱉어냈다. 마침내 연화부인의 편지를 본 유정은 까마득히 잊고 있던 일에 대한 죄책감과 다시 솟는 연모의 정을 앞세워 명주로 달려가 혼인을 해 첫아이를 낳게 되었으니, 그가 김주원이다. 후손들은 양어지 인근에 정자를 짓고 유정의 화랑 이름 무월랑과 연화에서 한 자씩을 취해 월화정月花亭이라 했으며, 현재 강릉 김씨 회관의 이름도 월화회관이다.

도성을 떠나 강릉 김씨의 시조가 된 김주원은 원성왕이 예우와 회유 차원에서 내린 명주군왕에 봉해지고, 아홉 개 군 25현을 식읍으로 받아 다스리게 되었다. 현재의 강원 영동 일대를 아우르는 규모였다. 한편, 김주원의

* 1960년대 명주군왕제의 모습. 매년 음력 4월 강릉 김씨 종친회원과 많은 강릉시민들이 참석해 제례를 올린다. 경내에는 생육신인 매월당 김시습의 사당도 자리해 있다.

세 아들 중 둘째 헌창은 원성왕의 등극을 인정하지 않고 반란을 일으켰다 전사하고, 첫째 종기는 손자 대에 이르러 대가 끊어졌으며, 막내인 김식만 이 온전히 아버지의 유지를 받들고 대를 이어 문중을 번창시켰다.

강릉 김씨 문중은 조선 명종-숙종 때에 여덟 명의 판서先팔판, 영조-정 조 때 들어 다시 여덟 명의 판서後팔판를 배출함으로써 이들이 모여 살던 서울 종로구 팔판동八判洞이란 지명을 유래하게 했으며, 생육신 김시습과 〈날개〉〈오감도〉 등을 지은 천재 문학가 이상본명 김해경 같은 명사를 배출한 명문가가 되었다.

현재 강릉 김씨 문중의 묘는 강릉시 성산면 대관령 밑자락에 자리 잡고 있다. '명주군왕릉'이라는 묘지석이 있고 지역 사람들은 이곳을 김주원과 두 아들 김종기, 김식을 지칭하는 '삼왕동三王洞'이라고 부르며 매년 이들을 기리는 '명주군왕제'를 열고 있다.

심산에 홀로 남은 태종대와 '불사이군'의 절의

우리나라 사람치고 부산 영도의 태종대를 모르는 이는 아마 없을 것이다. 신라의 태종 무열왕이 삼국 통일 이후 전국을 순회하던 중 영도의 절경에 취해 활을 쏘며 쉬어 간 곳으로, 사람들이 많이 붐비는 명승지다. 그런데 이와 똑같은 이름을 가진 태종대가 강원도 횡성의 인적 드문 어느 골짜기에도 자리하고 있다는 사실을 아는 사람은 거의 없을 듯하다. 이는 조선의 태종 이방원이 들렀던 곳으로, 그가 이런 오지까지 오게 된 것은 자신의 스승이었던 운곡 원천석 때문이었다.

운곡은 태조 이성계와 동문수학한 사이인 데다, 조선 왕조를 사실상 설계하다시피 한 삼봉 정도전과도 막역한 친구였다. 일찍이 이방원이 원주 치악산에서 그에게 사사하고 과거에 합격했던 내력이 있었으니, 마음만 먹는다면 앞날이 탄탄대로처럼 펼쳐질 수 있는 상황이었다. 그러나 역성혁명의 부당성과 고려에 대한 불사이군不事二君의 절의를 끝까지 꺾지 않고 결

• 횡성의 치악산 밑자락 어느 벼랑에 새겨진 '태종대'라는 암각이 선명하다. 스승을 찾아 헤매던 태종 이방원의 회한과 운곡의 굳센 절의가 겹쳐 보인다.

국 은둔의 길을 택했다. 이에 따라 후세에 이양소, 남을진, 서진과 함께 이른바 '고려 4처사'로 불리게 되었다.

조선이 건국되자 조정의 실세였던 이방원은 원주로 낙향한 스승 운곡을 모시려고 사람을 보냈지만 번번이 거절당했다. 급기야 1415년 이방원이 직접 찾아 나서게 되었지만, 운곡은 치악산 깊이 숨어들면서 횡성군 강림면 부곡리에서 빨래하던 한 노파에게 "누가 묻거든 강 쪽으로 갔다고 말해 달라"고 당부한다. 부탁받은 노파가 이방원에게 엉뚱한 방향을 가리켜주어 결국 일주일 동안 헤매다 운곡의 행방을 찾지 못하고 돌아갔다고 한다. 이때 이방원이 머물던 자리를 '주필대駐蹕臺, 임금이 머물다 간 자리'라고 하다가 종당에는 '태종대'로 칭하게 된 것이다.

주변에는 지금도 이와 관련된 많은 지명과 기록들이 전해지고 있어 당시의 상황을 가늠하게 한다. 방원이 스승을 태워가기 위해 수레를 가지고 넘은 고개 수레너미재, 노파가 방원에게 엉뚱한 방향을 알려준 바위 횡지암, 자신이 속인 사람이 임금임을 알고 노파가 자살한 웅덩이 노구소, 방원이 되돌아가며 운곡이 있는 쪽으로 절을 올린 배향산, 운곡이 숨은 변암, 운곡이 은거하며 청빈한 생활을 한 누졸재 등이다. 세월이 흘러 이때의 일화가 《현종실록》에 나온다.

> 운곡은 관직에 나아가지 않고 은거하면서 이색 등 여러 사람과 가까이 지냈다. 우리 태종께서 일찍이 그에게 배운 바 있어 임금에 즉위한 뒤 여러 차례 운곡을 불렀으나 나오지 않자, 친히 거동해 그의 초막을 찾아갔지만 그는 도망하고 만나려 하지 않았다. 태종께서는 할 수 없이 운곡에게 밥 지어주던 비녀를 불러 상을 내리고 운곡의 아들에게는 관직을 주었다. 운곡이 지은 역사서 여섯 권이 있는데, 고려 말에서 조선 왕조 개막으로 이어지는 변혁기의 일을 자세히 기록하고 있다. 그러나 책을 풀로 붙여놓고 겉표지에는 '어진 자손이 아니면 절대로 열어보지 말라'고 적었다. 현재는 두 권이 분실되고 네 권만 남았다고 한다.

이렇게 버티던 운곡도 태종이 상왕으로 물러난 뒤에 다시 한 번 간청하자 사제 간의 정을 생각해 입궐하지 않을 수 없었다. 그러면서도 무력으로 고려를 멸망시킨 데 대한 항의의 표시로 상복을 입고 갔다. 이 자리에서 태

• 고려 말 권력 실세들의 전횡 등 문란한 정치에 염증을 느껴 낙향한 후 은둔의 삶을 고집했던 원주 원씨 중시조 원천석의 초상이다.

종이 손자들을 불러 소개하면서 운곡에게 "어떻게 보이십니까?"라고 물었다. 그러자 운곡은 수양대군을 가리키며 할아버지를 몹시 닮았다고 평하면서 "형제끼리는 무엇보다 사랑하고 또 사랑해야 한다"고 당부했다. 훗날 어린 조카 단종을 내치고 권좌에 오르는 수양대군의 비정함을 꿰뚫어본 그의 혜안이 엿보이는 대목이다.

운곡은 치악산 기슭에서 은둔을 계속하면서 고려에 대한 절의를 지키기 위해 일반 곡식은 외면한 채, 송경개경의 옛 이름을 생각해 솔잎과 껍질을 달여 먹거나 기장으로 술을 담가 먹는 등 초근목피 생활을 했다. 그럼에도 90여 살까지 장수해 사람들이 이상한 일이라며 놀라워하자 "초근목피를 장기간 복용하면 오히려 기력이 회복되어 젊은이와 같아진다"고 응대했다고 한다. 이것이 오늘날 웰빙 열풍으로 사람들이 선호하는 순수 자연식품의 효험 때문이었는지도 모르겠다.

운곡의 묘는 현재 원주시 행구동에 자리하고 있는데, 생전에 교분이 깊었던 무학대사가 묏자리를 봐준 것이라고 한다. 당시 무학은 주변을 살핀 끝에 운곡에게 "위쪽 지점은 후손 중 3대 정승이 배출되어 부귀영화를 누릴 곳이요, 아래쪽 지점은 백대 자손을 이어갈 곳"이라 하자, 선뜻 아래 터를 택했다고 한다. 묘의 방향은 고려의 도읍이었던 개경을 향하고 있으며, 풍수가들은 이곳의 형세를 두고 "벌떼처럼 자손이 많이 생기는 곳"이라고 일러, '벌허리 명당봉요혈. 蜂腰穴'으로 불린다. 이러한 내력 때문인지 그 이후로 원주지역에 대대로 살던 원주 원씨 집안은 자손이 번창하고, 특히 인조-효종 때에 이르러서는 원해굉의 아들 여섯 명이 모두 대과에 급제함으로써 조선시대 과거사에 진기록을 세우기도 했다.

운곡은 굳센 절의뿐만 아니라, 문재文才로도 이름이 높았다. 학창 시절 교과서에 실려 기를 쓰고 외웠던 '흥망이 유수하니 만월대도 추초로다/ 오백 년 왕업이 목적에 부쳐시니/ 석양에 지나는 객이 눈물겨워 하노라'라는 회고가를 지은 주인공이다. 그는 주옥같은 한시 1,144수를 남겼다. 고려에 대한 충절과 애민의식을 담은 내용이 주류를 이룬 그의 시들에 대해 퇴계 이황은 "선생의 시들은 역사 그 자체"라고 극찬했다. 자신의 제자였던 이방원 일파에 의해 고려시대 불세출의 영웅 최영 장군이 처형되었다는 소식을 접하고 울부짖듯 써 내려간 시 세 수가 《운곡행록》에 전하는데, 다음은 그 중 일부다.

> 조정에 홀로 우뚝하니 범하는 자 없었고 獨立朝端無敢干
> 충의의 장수로 온갖 어려움 헤쳐나갔네 直將忠義試諸難
> 온 나라 백성의 소망을 살피어 爲從六道黔首望
> 삼한의 사직을 능히 편하게 할 수 있었지 能致三韓土稷安
> 같은 반열에 있던 영웅들 얼굴 부끄럽고 同列英雄顔更厚
> 살아남은 간사한 무리들 뼈는 서늘하리라 未亡邪佞骨猶寒

또 난국이 닥치면 그 누가 타개할 것인가 更逢亂日誰爲計

간계를 부렸던 자들 가소롭기만 하도다 可笑時人用事奸

오늘날까지도 이러한 운곡 원천석의 절의와 문학 세계는 강원도 사람들에게 매우 자랑스러운 유산으로 남아 있다. 현재 그의 신주가 경북 청송군의 사양서원, 경남 사천시의 경백서원, 전남 장성군의 경현사 등 여러 곳에 모셔져 있다.

또한 그의 고결한 인품과 정신을 예찬하는 내용도 여러 문헌에서 나타나는데, 그중 그가 죽은 지 200여 년이 지난 후 조선 숙종 때의 문신이자 대학자였던 허목이 내린 평가가 가장 함축적이다. 허목은 "군자는 숨어 살아도 세상을 저버리지 않는다 하더니, 선생은 비록 세상을 피해 스스로 숨었지만 세상을 잊은 분은 아니었으며 변함없이 도를 지켜 그 몸을 깨끗이 함으로써 백대의 스승이 되었다"고 회상한다. 운곡의 절의는 어떻게 하면 인간이 죽어서도 영원히 살아갈 수 있는지를 보여준다.

'삼일천하'로 막을 내린 분노의 쿠데타

1624년 2월 1만 명이 넘는 반란군이 관군을 줄줄이 격파하면서 도성으로 쳐들어오고 있었다. 광해군이 인목대비를 서궁에 유폐시키고 이복동생 영창대군을 방에 가두고 쪄서 죽이는 등 혼란스런 정국에서 인조가 반정으로 정권을 장악한 지 한 해도 채 지나지 않은 시점이었다.

인조는 위급한 전갈을 받고 충남 공주의 옛 백제 성터인 공산성으로 피신했다. 금강 물줄기가 야산의 허리를 휘감아 돌고 완연한 봄이면 벚꽃이 눈송이처럼 흩날리는 절경이 연출되는 곳이었지만, 아직은 매서운 추위가 불안한 마음을 더욱 짓누르는 나날이었다. 그곳에서 할 일이라고는 산마루에 있는 두 그루 나무에 기댄 채 한양 쪽을 하염없이 바라보며 난이 평정되었다는 소식을 기다리는 것뿐이었다.

우여곡절 끝에 주동자인 평안도 병마절도사 이괄이 자신의 부하들에게 암살되어, 그의 수급이 인조가 있던 공주로 보내져 효수되고 나서야 반란

• 공산성은 오늘날 금강의 아름다운 물결이 한눈에 들어오는 경승지가 되었지만, 그 옛날 인조에게는 춥고 황량한, 아니 죽음의 그림자마저 엄습해오는 절체절명의 피신처였다.

은 막을 내리게 된다. 인조는 이곳에 머무르던 중 임씨 성을 가진 어느 농부가 진상한 떡을 맛있게 먹고는 '임절미'라고 해서 오늘날 '인절미'를 유래하게 했으며, 의지가 되어준 나무 두 그루_{현재 '쌍수정' 자리}에 정3품 벼슬을 내린 후 도성으로 올라간다.

역사는 '이괄의 난'을 조선시대에서 지방군이 사흘 동안 궁궐을 범한 채 새 임금을 옹립함으로써 이른바 '삼일천하'라는 말을 낳게 한 미증유의 반란 사건으로 규정한다. 이괄이 인조반정 후 논공행상에서 2등 공신에 봉해지고 변방으로 내쳐진 데 불만을 품고 흉계를 꾸민 것으로 기록하고 있다. 하지만, 이에 대해서는 인조 자신도 밝혔듯이 상당한 반론이 있는 것 또한 사실이다.《인조실록》의 내용이다.

> 인조: 이괄이 충성스러운 사람인데 어찌 반심을 지녔겠는가? 이는 흉악한 무리들이 그의 위세를 빌리고자 한 말이다. 경은 무엇으로 그가 반드시 반역하리라는 것을 아는가?
>
> 이귀: 이괄의 반역 음모에 대해서는 신도 비록 자세히 알지 못하나, 그의 아들 이전의 모역에 대해서는 소상히 알고 있습니다. 어찌 아들이 알고 있는 일을 그 아비가 모를 리 있겠습니까?
>
> 인조: 만약 사람들이 경이 반역한다고 고한다면 내가 어찌 믿겠는가? 이괄의 일이 이와 무엇이 다른가?
>
> 이귀: 고변한 사람이 있다면 신이라 해서 놓아두고 묻지 않을 수가 있겠습니까? 잡아 가두고 국문해 진위를 살핀 뒤에 처분해야 할 것입니다.
>
> 상임금의 높임말께서는 답하지 않았다.

이괄의 '삼일천하'가 실패로 끝난 후, 인조반정의 공신록에서 이괄의 이름이 삭제된 것은 물론이요, 삼족을 멸하라는 명과 함께 그의 역사적 자취가 모두 부정되는 혹독한 시련이 이어진다. 그러나 일반 백성에 의해 이괄과 관련된 이야기는 신비스런 부분까지 덧붙어 퍼져 나간다. 당시 조정

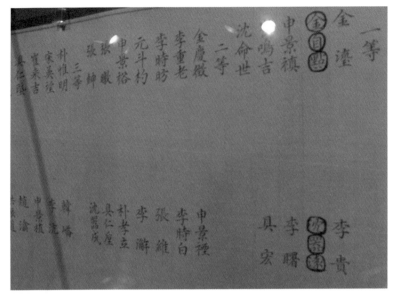

* 인조반정의 핵심 세력들을 등급별로 나누어놓은 공신록이다. 이괄의 난 이후 '이괄 흔적 지우기' 여파였는지 그의 이름은 어디에서도 찾을 길이 없다.

내 신흥 권력들 간의 극심한 파벌싸움과 조정의 무능에 대한 염증으로 답답하고 고단한 민초들에게, 이괄의 난이 카타르시스를 느끼게 해준 사건이었음을 방증하는 것이다.

이괄의 연고지로 여겨지는 강원도 원주, 홍천 및 경기도 양평 양근리, 평택 여염리, 성남 도촌동 일대를 중심으로 설화가 내려오고 있는데, 대체로 세 가지로 구분된다. 첫 번째는 당시 정권이 백성을 세뇌하기 위해 의도적으로 만들어 퍼뜨린 듯한 내용이다. 이괄은 부모의 말을 듣지 않는 불효자로, 풍수에 밝았던 아버지 이육이 유언으로 신신당부한 시신의 안치 방법까지 어기고 제멋대로 하는 바람에 온갖 영화를 누릴 수 있었던 자신의 복을 스스로 차버렸다는 일종의 '자업자득론'이다. 한때 초등학교 교과서에 실려 많은 사람이 기억하고 있는 전래동화 '청개구리'의 모티브가 되었다는 설도 있다.

두 번째는 그의 비범성과 영웅성을 상징하는 이야기다. 단기간에 도성을 장악할 수 있었던 그의 용맹과 지략에 대한 찬사와 함께 거사 실패의 아쉬움이 진하게 느껴지는 내용이다. 이괄은 수십 미터의 벼랑에서 자신의 애첩을 던지고 쏜살같이 달려 내려가 받는가 하면, 절벽 사이의 바위를 줄로 묶은 뒤 건널 정도로 신출귀몰해 "북방 오랑캐의 침략은 이괄이 아니면 막을 수 없다"는 평판을 들었다고 한다. 게다가 문무를 겸비한 인물로서 일찍이 자신의 운명을 예감했는지 '화무십일홍花無十日紅'이라는 말을 즐겨 썼다고 한다.

마지막으로 그는 이러한 신비성에 힘입어 신적인 존재로까지 승화된다. 홍천과 원주 일원에서는 마을 성황제나 산신제를 지낼 때 이괄 장군을 신으로 모시고 있다. 심지어 '반란 직후 삼족을 멸해 그의 모든 흔적이 지워졌다'는 정사의 기록이나 세간의 추측과 달리 이괄 바위, 이괄 산성 등 유적은 물론, 그와 그의 일부 조상 묘까지 실전實傳한다는 주장도 있다. 다음은 원주 부론면 지역의 설화다.

> 부론면 안산골은 워낙 묏자리로 좋아 찐 달걀이라도 묻어놓으면 다음 날 부화된다고 해서 '알쌍골'이라고도 했다. 옛날 이괄이 임금이 되려는 야심을 품고 명당자리를 하나 잡아 조상 묘를 모시고자 했다. 땅의 기운을 미리 시험하기 위해 달걀을 슬쩍 불에 그을려 묻었다. 병아리가 나오긴 했으나 "삐약삐약" 소리를 제대로 내지 못하고

커서도 "꼬끼-"만 할 뿐이었는데, 훗날 그의 거사가 실패함을 암시하는 것이었다.

이처럼 갖가지 이야기를 남긴 이괄의 난은 당시 조선 사회에서 심각한 후유증을 야기한다. 역모 고발과 고자질이 성행해 서로를 믿지 못할 정도로 민심이 흉흉해졌고, 난의 주도 세력이었던 북방 수비군단이 사실상 무너지고, 무인들에 대한 집중적인 감시로 군사 훈련마저 소홀해졌다. 정권 안보가 우선시되면서 국가 안보는 뒷전이 되었으니, 국방력이 약화된 것은 자명했다. 게다가 반란군의 일부가 후금으로 도망쳐 그들을 자극한 것도 훗날 후금을 이은 청나라가 조선을 침입하는 데 중요한 빌미가 되었다는 해석도 나온다.

어쨌든 이괄의 난이 평정된 이후 그의 가계가 궤멸되었음은 물론이다. 친가·처가·외가의 삼족이 척결되었고, 철성 이씨들 중 상당수는 보신책의 일환으로 본관을 고성 이씨로 바꾸었다. 이러한 연유로 당시 문중에는 "살아서는 고성 이씨, 죽어서는 철성 이씨"라는 말이 나돌았다. 오늘날에도 고성 이씨와 철성 이씨는 같은 집안으로 여겨지고 있다. 철성은 고성의 옛 지명인데, 2000년 인구 조사에서 고성 이씨는 8만 4,383명으로 파악된 데 반해 철성 이씨로 응답한 경우는 4,871명에 불과했다. 특히 처가에서는 철성 이씨 사위들을 족보에서 빼버리는가 하면 혼사에서도 역적 집안이라는 낙인이 찍혀 온갖 어려움을 겪었다고 한다.

그런 와중에서도 이괄의 장인인 한산 이씨 이지난과 장모 횡성 조씨는 강릉 방향으로 도망가다가 자신들이 타고 온 배를 숨겨준 큰 바위^{은주암} 덕

• 정선의 〈세검정〉. 인조반정의 결행을 앞두고 그 주역들이 이곳에서 '세검입의洗劍立義, 칼을 씻어 의로움을 세운다'의 결의를 했다고 전한다. 지금의 정자는 이 그림을 바탕으로 1977년 복원했다.

분에 추적군을 따돌린다. 구사일생으로 천혜의 은신처인 원주시 지정면 자갑 마을로 숨어들어 살다가 죽은 뒤 그곳에 묻히고 후손도 현재까지 대를 이어 살아오고 있다.

조선시대 최대의 반란 사건으로 일컬어지는 이괄의 난을 두고, 누구보다 문중에서 그 동기와 평가에 대해 할 말이 많을 것이다. 끝으로 후손 중한 명이 제기하는 항변을 들어보자.

인조 때 반정한 17세 휘 괄适은 청파공의 현손이다. 무용이 뛰어난용장이며 글씨 또한 탁월해 이조서화가록에 녹선되어 있다.… 인조반정에서 1등 공훈을 세웠으나 김자점, 김류 등 간신들에 의해 논공행상에서 2등 공신으로 책록되고 변방으로 밀려나서도 묵묵히

후금의 침공방위에 힘쓰고 있었다. 그런데 반역을 꾀한다고 모략을 당했고 모든 것이 무고로 밝혀졌음에도 아들 전梅이 다시 모해당해 체포되려 하자 부득이 군사를 동원했다. 난이 실패하자 동생과 아들 등 일가가 모두 처형되었다. 우리 씨족 후손 가운데 역신이 나와 진주 이씨 등으로 본관을 바꾸는 가문이 생기는 등 피해가 컸다. 오늘에 이르러 많은 역사가들은 이 난의 발발 배경에 관해 인조반정 훈신들의 부패를 들어 긍정적 평가를 하고 있다.

여기서 로마의 정치가이자 법학자였던 키케로Cicero의 '정의론'을 떠올리게 된다. 그의 말처럼 '각자에게 자기 몫을 주는 것suum cuique'이 정의正義라고 한다면, 인조반정 시 '목숨을 건다'는 결의의 표시로 홍제천 근처 세검정에서 칼을 씻은 후 반군의 선봉을 맡았던 이괄에게는 그에 걸맞은 공훈과 직책이 내려져야 했다. 그리고 몇몇 권력 실세들의 모함이 없었더라면, 한겨울에 인조가 공주까지 피난을 가지도 민심이 흉흉해지지도 않았을 것이다. 아니, 정묘호란이라는 대환란을 자초하지 않았을지도 모를 일이다.

이곳에서 잘난 체하다가는 큰코다친다

일반인들에게 '강원도 횡성' 하면 아마도 '한우'가 연상되지 않을까 싶다. 사실 예부터 횡성지역은 '사람은 서울로, 소는 횡성으로'라는 말이 전해올 만큼 한우 생육이 잘되고 우시장도 많았으며, 토지 또한 "횡성 원님 앞뜰 자랑한다"고 할 정도로 비옥한 고장이었다. 이는 척박한 땅이 많았던 강원 도에서는 비교적 풍요롭고 살기 좋은 곳이라는 뜻인데, 이중환도 《택리지》 에서 '횡성현은 두메 속에 터가 활짝 열려서 환하게 밝고 넓으며 물이 푸 르고 산이 평평해 형용하기 별스러운 맑은 기운이 있다'고 기술하고 있다.

언제부터인가 이처럼 평온한 느낌과는 달리 횡성 사람들의 강인한 기질 을 일컬어 '횡성 3횡'이라는 말이 회자되고 있으니, 산횡山橫·천횡川橫·인횡人 橫이 그것이다. 여기서 '橫'이란 '가로지르다'라는 사전적 정의를 넘어 '비껴 있다' '삐딱하다'는 등의 의미를 내포한다. 산세가 비껴나 있으니 산횡이요, 그 산을 따라 도는 냇물도 비껴 있어 천횡이며, 이러한 산과 내가 있는 자

• 옛 시장 광경. 시장은 예나 지금이나 우리네 삶의 집합 공간이다. 초가와 기와집이 어울리고 도 포에 탕건·망건·삿갓 등으로 치장한 남정네, 머리 위에 짐을 인 아낙, 널브러져 정담을 나누는 군 상들까지 그 모습이 천태만상이다.

연 속에서 살아가는 사람들의 품성 또한 호락호락하지 않으니 인횡이라는 뜻이다.

횡성은 또한 지리적으로도 동서로 뻗은 서울-강릉 간 육로 교통 및 물류의 중간 경유지 역할을 했기 때문에 "동대문 밖 200리 안에 제일 큰 장이 열렸다"고 할 정도로 성시를 이루었다. 특히 각종 물품의 도매상들이 즐비하게 늘어서게 되면서 전국의 내로라하는 장사치들의 노련한 상술과 농간이 판치는 장소가 되었다. 일제 강점기인 1923년 〈개벽〉지에 실린 '강원도 장타령'을 보면 당시 도내 21개 고장별로 장터의 특성을 엿볼 수 있다.

대부분이 지리적 여건이나 풍토 등을 거론하고 있는 데 반해, 횡성장만은
'상인들이 실제 받을 물건 값보다 더 비싸게 부르는 게 일반화되어 있어 제
대로 사는 것인지 바가지를 쓰는 것인지 알 수가 없다'며 투덜대고 있다.

춘천이라 샘밭장 신발이 젖어 못 보고

홍천이라 구만리장 길이 멀어 못 보고

이귀저귀 양구장 당귀 많아 못 보고

한자 두자 삼척장 배가 많아 못 보고

명주 바꿔 원주장 값이 비싸 못 보고

횡성수설 횡성장 에누리 많아 못 보고

감 많은 강릉장 값이 싸서 못 보고

이통저통 통천장 알젓 많아 못 보고

엄성듬성 고성장 심심해서 못 보고

이천저천 이천장 개천 많아 못 보고

철덕철덕 철원장 길이 질어 못 보고

영넘어라 영월장 담배 많아 못 보고

어화지화 김화장 놀기 좋아 못 보고

회회층층 회양장 길이 험해 못 보고

이강 저강 평강장 강물 없어 못 보고

정들었다 정선장 갈보 많아 못 보고

화목 많은 화천장 길이 막혀 못 보고

양식 팔아라 양양장 쌀이 많아 못 보고

즉금 왔다 인제장 일 바빠서 못 보고

울퉁불퉁 울진장 울화 나서 못 보고

안창 곱창 평창장 술국 좋아 못 보았네

    이러한 분위기 속에서 횡성 사람들은 용의주도하고 남에게 지지 않으려
는 그들의 전통적 기질과 맞물려, 타지 상인들에게 속아 넘어가지 않고 자
기 것을 지키기 위한 지혜와 장사 수완을 터득하게 된다. 여기서 어리숙하
고 순진하다는 강원도인들에 대한 일반적 평가와는 달리, 야무지고 깍쟁
이 같다는 이미지를 갖게 되기에 이른다. 이에 따라 "원주지역의 주요 상권

은 횡성 사람들이 다 잡고 있다"거나, "횡성 사람은 서울 사람 속여먹지 못
하면 밤잠을 못 이룬다"는 등의 말이 회자되곤 했다. 이를 함축적으로 보
여주는 '횡성깍쟁이'와 관련된 옛이야기들이 흥미롭다.

치악산 기슭 밑에서 과거 공부를 같이 하던 횡성 사람과 수원 사람이
과거 날이 다가오자 한양으로 길을 떠나게 되었다. 먼 길을 가다 큰 재를
넘을 즈음, 날이 저물어 하룻밤 유숙할 곳을 어렵사리 찾았으나 황소바람
이 방 안으로 들어오는 폐가였다. 도저히 그냥 잘 수가 없어 둘은 장터로
나간다. 수원 사람이 "내가 풀을 살 테니 너는 창호지를 사라"고 하자 횡성
사람은 잠깐 생각하더니 그러자고 한다. 수원 사람은 속으로 '멍청한 놈,
풀 값에 비하면 창호지 값은 엄청 비싼데…' 하며 쾌재를 부른다.

창호지를 안방 문짝에 바른 채 하룻밤을 잘 지내고 다음 날 아침, 수원
사람이 떠날 채비를 한 후 사립문 밖에서 빨리 나오라고 소리치나 안에서
는 잠깐 기다리라는 대답만 들려온다. 기다리다 지친 수원 사람이 궁금해
집으로 들어가 들여다보니 횡성 사람이 지난 밤 바른 창호지에 물을 살짝
뿌린 후 조심스럽게 벗겨내고 있는 게 아닌가? 화가 난 수원 사람이 풀은
내가 산 것이니 돌려달라고 하자 횡성 사람은 창호지에 붙은 풀을 긁어내
가져가라고 하고는 창호지를 착착 접어 봇짐에 넣고 "빨리 가자"고 채근한
다. 수원 사람은 "도저히 횡성 놈은 당할 수가 없구나"라고 독백하며 길을
따라나섰다고 한다.

또 다른 이야기 하나. 개성에서 열리는 전국 깍쟁이 대회에 참석하기 위
해 횡성 대표가 길을 떠났는데 도중에 수원 대표를 만나게 되었다. 수원
대표의 행동을 보니 사람들이 있는 곳에서는 짚신을 신고 걷다가 없는 곳

에 이르면 짚신이 닳는다며 얼른 벗어 봇짐 속에 넣고 맨발로 걷는 것이었다. 그러다 길을 워낙 오래 걸어 짚신이 해지자 길가에 버리게 되었다. 이를 횡성 대표가 주위 자신의 봇짐에 넣었다. 의아하게 생각한 수원 대표가 "뭐 하려고 그러느냐?"고 물었더니 횡성 대표는 이렇게 대답했다. "나는 짚이 아까워 제대로 된 짚신은 지금 신고 있는 한 켤레뿐이고 나머지는 짚신 바닥들만 있기 때문에 당신이 버린 짚신에 바닥만 이어 신으려 하오."

그 대답을 듣고 뒷머리가 땅해진 수원 대표는 개성까지 가서 대회에 참가해봐야 승산이 없겠다고 생각하고는 되돌아갔다. 횡성 대표가 홀로 개성에 도착해 대회장에 갔으나 아무도 없었다. 이미 횡성깍쟁이 소문이 퍼져 전국 제일이라던 개성깍쟁이마저 대회 참가를 포기한 채 열을 식히려 개울가에서 물을 퍼마시고 있었다고 한다. 돈 주고 막걸리 사 먹기가 아까워서 말이다.

여기서 한 가지 의문이 드는 것은 '횡성깍쟁이'라는 말의 유래인데, 문헌 어디에서도 그 근거를 찾아볼 수는 없다. 다만 과거 일본 상인들이 횡성 상권을 차지하려 실패한 데 대한 억울함과 앙갚음이 어우러져 만들어지고 구전되어온 것으로 보인다. 과거를 더듬어보면, 일제는 국권 피탈 직후부터 우리나라 토지의 소유권을 정비한다는 구실로 국토의 40퍼센트를 총독부 소유로 이관했다. 이에 발맞추어 일본 상인들은 일제의 비호와 우월한 자본력을 무기로 한반도 전역의 주요 시장 상권을 장악해나갔다.

이 과정에서 그들이 주로 사용하던 수법은 일제 고무신, 설탕, 옷감 등 당시 생필품에 대한 저가 판매 및 선물 공세였다. 이에 대응하기 위해 우리 민족은 지식층을 중심으로 '물산장려운동'이란 계몽활동을 통해 국산품

• 일제는 국권 피탈 직후부터 조선의 토지를 수탈하기 위해 8년여에 걸쳐 조사를 벌였다. 이 과정에서 근대적인 토지 소유권의 개념에 취약했던 수많은 민초들은 피같은 땅을 빼앗기면서 식민지의 설움을 뼈저리게 느꼈으리라.

애용을 주창하기도 했다. 하지만 자본력 등에서 열세일 수밖에 없었던 조선 상인들은 오래 버티지 못한 채 결국 손들어 버리기 일쑤였다.

그러나 일본인들의 무지막지한 공격적 마케팅 전략도 횡성에서는 통하지 않았다. 주민들은 일본제품에 대한 불매운동을 거세게 전개했다. 남자들은 일제 고무신 대신 짚신을 열심히 삼았고, 아낙네들은 편리한 옥양목 옷 입기를 거부한 채 손발이 부르트도록 전통적인 방법으로 베를 짜 무명옷을 짓는 등 강인한 저항 정신을 발휘했다.

이처럼 내 고장과 상권을 지키려는 횡성 사람들의 피눈물 나는 노력의 결과, 일본 사람들은 횡성 땅을 포기하고 물러날 수밖에 없었다. 그들이 떠나면서 혀를 내두르며 남긴 욕설에 가까운 말들이 바로 '횡성깍쟁이' 또는 '제2의 개성' 등이며, 이 때문에 "횡성에서 잘난 체하다가는 코피 터진다"는 속담을 낳게 된 것이라 여겨진다.

동지섣달에 발가벗겨놓아도 30리를 뛴다?

지난 1995년 정부는 행정의 능률성 등을 위해 도농지역 통합시책을 추진했다. 당시 강원도에서는 춘천, 원주, 강릉, 삼척 등 대상에 오른 대부분의 시들이 인접 군들과의 통합에 성공했지만, 설악산이 위치한 양양군과 속초시만이 유일하게 실패했다. 이를 두고 "오랜 세월 양양군의 일부로 있다가 1963년 시로 승격한 후 양양군보다 더 발전하고 있는 속초시에 대한 피해의식 때문"이라거나 "양양 사람들의 유별난 기질이 반영된 것"이라는 비아냥도 있었다. 그러나 양양의 오랜 역사와 문화를 살펴보면 그 지역의 뿌리깊은 정서와 속마음을 이해할 수 있을 것이다.

오늘날 양양은 인구 3만 명이 채 되지 않는 작은 군이지만, 고향에 대한 자긍심과 사람들의 강한 기질이 돋보인다. 여기에는 그럴 만한 역사적 배경과 지리적·문화적 요인 등이 있다.

'해가 높이 오르는 고장'을 의미하는 양양襄陽이라는 명칭은 본래 중국

• 김홍도의 《금강사군첩》 중 〈낙산사〉. 망망한 동해를 곁하고 있는 광경이 정겹고도 고즈넉하다. 대형 화재 이후 각고의 노력 끝에 복원은 되었다지만 천년고찰로서 간직해온 신비하고도 영험한 기운이 많이 사라진 듯해 안타깝다.

호북성 연안에 있는 지명을 따온 것으로, 자연경관과 지리적 환경이 뛰어나고 사람들의 품성과 기개, 그리고 풍속이 선비들의 그것과 닮았다고 해서 붙여진 영예로운 이름이다.

한편, 조선 초기에는 태조 이성계가 당시 양주로 불렸던 이곳을 임금의 외가 고을이라 해서 '부'로 승격시킨 이래 '도호부'로 칭해지는 등 인근 강릉과 어깨를 겨루는 영동지역의 중심 도시였다. 이에 따라 당초 강릉과 원주의 머리글자로 만들어진 강원도라는 명칭이 17세기에는 한때 원양도 또는 강양도로 바뀌기도 했다.

　종교·사상적으로는 가히 신라 불교계의 양대 산맥인 교종과 선종을 아우르던 본산으로 영험함이 배어 있는 고장이었다. 의상대사가 창건한 낙산사와 원효대사의 발자취가 어린 영혈사 등이 있고, 설악산 기슭에 자리한 진전사는 대한불교 조계종이 종조宗祖로 받드는 도의국사가 수도하던 명찰이었다. 도의국사는 37년의 당나라 생활을 마치고 귀국한 뒤 불교계의 새로운 기풍인 선종을 전파하면서 많은 제자를 길러냈는데, 그의 것으로 추정되는 우리나라 최초의 석조 부도탑이 현재도 남아 있다. 또한 진전사는 고려시대에 《삼국유사》의 저자 일연스님이 14세 때 출가해 구족계를 받은 곳이기도 했으나 조선 초기 억불 정책의 거센 바람 속에서 폐찰되었다가 최근 복원 작업이 진행 중이다. 조계종 측이 도의국사에 대해 설명한 내용의 일부다.

> 도의국사는 신라에 처음으로 선종을 전한 사람이다. 귀국 후 신라 왕성으로 갈 생각을 그만두고 마침내 북산설악산에 은거했다. 주역에서 말한 '세상을 피해 살아도 근심이 없다'는 것이 아니겠으며, 중용에서 말한 '세상에서 알아주지 않아도 뉘우침이 없다'는 것이 아니겠는가. 꽃이 겨울 산봉우리에서 빼어나 선정의 숲에서 향기를 풍기매 개미가 고기 있는 곳으로 모여들듯이 도를 사모해 산을 메웠으며 교화를 받고는 마침내 선법을 이은 사람이 산을 나섰으니, 도는 인력으로 폐지할 수 없는 때가 되어야 마땅히 행해지는 것이다.

또한 양양은 산과 강과 바다가 어우러지는 천혜의 자연조건을 두루 갖추고 있다.《동국여지승람》에서는 이곳의 진산인 설악산 이름의 유래에 대해서 '한가위에 내리기 시작한 눈이 하지가 되어서야 녹기에 설악이라 한다'는 기록이 있다. 하지만 부처가 6년여 고행 끝에 성불했다는 인도의 설산雪山에서 비롯된 것으로 '신성하고 숭고한 산'이라는 의미를 내포하고 있다는 이야기가 더 설득력 있어 보인다. 오랜 세월 동안 고명한 선사들의 참선의 장이요, 역사적 명류들이 심신을 수련하는 본거지로 삼았던 곳이기 때문이다.

설악산의 오세암은 '5세 신동' 소리를 듣던 매월당 김시습이 한 시절 머무른 인연으로 붙여진 이름이다. 김시습은 "금강산은 수려하되 웅장하지 못하고, 지리산은 웅장하기는 하나 수려하지 못한데, 설악산은 수려하면서도 웅장하다"고 했는데, 빼어난 산세와 오랜 역사에 대한 평가는 오늘날까지 이어지고 있다. 최근 산림청이 실시한 국민들의 국내 산에 대한 선호도 조사에서 설악산이 32퍼센트로, 2위 지리산19.9퍼센트과 3위 북한산8.3퍼센트에 월등히 앞서며 1위를 차지했다.

이러한 명산의 기운을 받고 자란 양양지역의 대표적 임산물이 송이버섯이다. 송이에 대해서는 무려 1만 년 전 이 땅에 존재했다는 이야기도 있지만, 우리 고문헌에 처음 등장한 것은 신라 왕에게 진상품으로 바쳤다는《삼국사기》의 기록이다. 고려시대에는 '소나무에 기생하는 복령구멍장이버섯과의 버섯의 향기를 가진 송지松枝'라고 묘사된 데 이어,《조선왕조실록》에 따르면 '송이는 값이 아닌 정성'이라며 중국 황제와 사신들에게 선물로 주었다 하니, 참으로 긴 역사를 지닌 귀한 특산물이다. 근래에 들어 1980년대까지는 수확되는 족족 일본으로 보내져 외화를 벌어들이는 효자 수출품 노릇을 톡톡히 했다.

과학기술이 고도로 발달한 오늘날에도 인공재배가 불가능한 가운데, '송이 생산량은 신도 모른다'는 말이 시사하듯이 해마다 기후여건에 따라 생산량의 등락이 심하다. 게다가 "송이밭은 딸에게도 알려주지 않는다"고 할 정도로 산지와 유통경로 등이 베일에 가려져 있는 경우가 많다. 따라서 정확히 산정하기는 어렵지만, 대체로 국내 생산량의 80퍼센트 정도를 양양 송이가 차지하고 있다고 한다. 품질도 '황금송이' 또는 '숲 속의 다이아몬드'로 불리며 전국 최고의 명성을 쌓음으로써 옛사람들은 "설악을 둘러본 후 양양 송이를 맛보지 않고는 가을을 논하지 말라"고 예찬했다.

또한 양양은 일제 강점기 한반도 최대의 철 산지였다. 당시 일제는 전쟁 무기를 조달하기 위해 서면 장승리 일원에서 광산을 집중 개발하고, 채굴되는 철광석을 속초항을 통해 일본 본토로 반출했다. 이렇게 시작된 양양 철광산은 해방 이후에도 국내 철광석 생산량의 60퍼센트를 차지해 양양이 '철의 고장'으로서 명성을 쌓는 데 기여했다. 지역 경제도 자연스레 "서울 사람 부럽지 않다"는 말이 나올 정도로 호황을 누리게 되었다. 채산성 악화 등에 따라 지난 1995년부터 생산이 중단되었으나, 최근 들어 개발을 재개하려는 움직임을 보이고 있다. 2010년 11월에는 반도체 작동에 필수적인 물질로서 '공업의 조미료'라 불리는 희토류가 상당량 매장되어 있다는 보도가 이어지기도 했다.

사실 양양과 철의 인연은 일제 강점기보다 훨씬 이전으로 거슬러 올라간다. 이미 조선시대에 편찬된 《세종실록지리지》와 《신증동국여지승람》에

• 김홍도의《단원풍속도첩》중〈대장간〉. 철제를 다루는 대장장이들의 땀이 흥건해 보인다. 당시는 아이들까지 여럿이 매달려 물건을 만들어내는 협업 활동의 총아였던 듯싶다.

철광 산지로 양양이 기록되어 있는 데다, 이곳에서 나는 철의 종류도 산에서 직접 캐내는 석철石鐵로, 당시 모래나 흙에서 채취하는 사철沙鐵, 토철土鐵과는 차별화된 것이었다고 한다.

학계 일각에서는 신라 제4대 왕이었던 석탈해와 양양지역 간 연관성까지 제기하고 있어 자못 흥미롭다. 석탈해의 '석昔'은 '옛날'이라는 뜻이고 신라식 향찰로도 '석'이라는 음 대신 훈인 '예'로 읽혔으니 석탈해는 곧 '예탈해'가 된다. 그런데 강원도 동해안 지역은 부족국가 시절 예족이 지배하고 있었다. 또한 《삼국유사》는 석탈해가 '대장장이'를 의미하는 야장冶匠 출신이라 했는데, 지금도 양양 곳곳에서 고대 야철 유적이 종종 나타난다. 이러한 사실들을 결부시켜보면 옛날 양양에서 쇠를 다루던 단야족이 우두머리인 석탈해의 지휘로, 당시로서는 첨단 무기인 철기를 앞세워 경주로 진출해 권력을 장악했을 것이라는 추론이 가능하다. 실제로 월성경주이 본관이고 세력도 1만 명이 채 되지 않는 희귀한 성씨인 석씨 후손들이 양양에 한동안 집성촌을 이루었고 지금도 이 일대에 상당수 살고 있는 것을 보면 무조건 외면할 이야기는 아닌 듯하다.

한편, 강원도 영동 북부지역의 젖줄 역할을 하는 양양 남대천은 국내 유일의 연어 회귀천이다. 매년 10월이 되면, 4~5년 전 바다로 떠난 수백만 마리의 새끼 연어 떼가 북태평양과 알래스카까지 이어진 긴 여정을 마치고, 모천母川인 이곳으로 거슬러 올라와 산란한 뒤 일생을 마감하는 장관이 연출되기도 한다. 이를 시인 도종환은 〈다시 피는 꽃〉이란 시에서 다음과 같이 묘사하고 있다.

> 바다까지 갔다가 제가 태어난 강으로 돌아와
>
> 제 목숨 다 던져 수천의 알을 낳고
>
> 조용히 물밑으로 돌아가는 연어를 보라
>
> 물고기 한 마리도 영원히 살고자 할 때는
>
> 저를 버리고 가는 걸 보라

저를 살게 한 강물의 소리를 알아듣고

물밑 가장 낮은 곳으로 말없이 돌아가는 물고기

제가 뿌리내렸던 대지의 목소리 귀담아듣고

아낌없이 가진 것을 내주는 꽃과 나무

깨끗이 버리지 않고는 영원히 살 수 없다는

양양은 바닷가에 자리한 고장이다. 바다는 이를 의지하고 살아가는 사람들에게는 삶의 원천이요, 생활의 터전이다. 따라서 바다를 향해 안전한 항해와 풍어, 나라와 마을의 안녕을 비는 크고 작은 기원제를 지내기 마련이다. 특이한 것은 양양의 경우, 그것이 고을 차원을 넘어 국가적인 행사로 이어져왔다는 점이다. 우리 역대 왕조들은 한반도의 사해지신四海之神을 모셔오면서 새해 초와 봄가을에 각 지역 바닷가의 중심이 되는 고을에서 성대한 해신제를 지냈는데, 동해의 양양, 서해의 풍천, 남해의 나주, 북해의 경성 등이다.

나주의 남해신사는 그 장소가 모호한 반면 양양의 경우 동해신묘와 그 내력을 기록한 비석이 현재 낙산해수욕장 인근에 위치하고 있는데, 남한 땅에서는 유일한 곳이다. 이는 당초 강릉 안인의 바닷가에 있던 것을 옮겨와 고려 말에 창건한 것으로 알려져 있다. 조선시대에는 동해안의 각급 지방 수령들이 모두 참석한 가운데 조정에서 강향사降香使를 통해 향과 촉을 보내 해신제를 지내게 하던 성지였다. 그러나 일제 통감부 시절인 1908년 우리 민족의 정기를 끊으려는 일제의 사주로 철거되었다. 이에 앞장섰던 양양군수가 사당 철거 후 급사하자 당시 사람들 사이에는 동해신이 노했기 때문이라는 소문이 퍼졌다고 한다.

　이처럼 양양은 예부터 강원도 영동지역의 중심 역할을 해왔다는 자부심이 각별하다. 한때 소·송이·자철이 많이 나 삼다군三多郡으로 불릴 만큼 천혜의 자원이 풍성해, 인심은 순미하고 빈부의 격차도 비교적 적어 주민들의 결속력이 돋보이는 고을이었다. 넉넉하고 자존심이 강한 사람들의 기질은 일제 강점기를 거치면서 불의에 맞서는 정의감과 애국적 민족주의로 승화되었으니, 1919년 3.1 독립만세운동과 관련한 각종 기록들이 이를 웅변하고 있다. 당시 처절한 투쟁 과정에서 13명이나 희생당하는 참극을 빚기도 했다. 이들의 저항이 얼마나 끈질기고 강력했는지, 일본 군경은 만세운동으로 체포되었다가 탈출한 사람들을 빗대 "양양 놈들은 동지섣달에 발가벗겨 놓아도 30리를 뛴다"며 혀를 내둘렀다고 한다. 이는 일제가 만들어낸 모함으로 그 유래를 제대로 알면 숙연한 마음이 든다. 아니, 불의에 대한 양양인의 강인한 저항정신을 일컫는 '영광스러운 비아냥'이라는 생각마저 갖게 되는 것이다.

4 산천유곡에 남겨진 지존들의 발자취

강원도는 진한의 태기왕을 시작으로 신라 마의태자, 태봉 궁예대왕, 고려 공양왕 등 각 왕조의 마지막 제왕들이 역사의 뒤안길로 사라진 현장이었고 조선 개국이 암시되는 등 시대의 아픔과 희망을 같이했다. 우연인지 필연인지 대한제국의 마지막 황태자 영친왕까지 이곳 출신의 어머니에게서 태어났으니 가히 우리 왕조 역사의 명멸明滅을 줄곧 지켜봐온 소리 없는 목격자였다.

삶과 죽음이 하나요, 죽음은 새로운 시작이라

서울에서 영동고속도로를 타고 강릉 방향으로 가다가 면온 인터체인지로 빠져나가면 횡성군과 평창군에 걸쳐 있는 해발 1,261미터의 태기산을 만날 수 있다. 정상에서 펼쳐지는 흰 구름의 향연이 탄성을 자아내게 한다. 이 모습을 그려낸 〈기산백운岐山白雲〉이라는 한시가 전한다.

태기산 흰 구름은 태곳적같이 흐르고   雲白岐山太古眞

하늘 감추고 땅 신비로워 경관이 새롭구나   天藏地秘景維新

보리가 한껏 익어감에 바야흐로 여름이요   來牟農也時庚夏

악동들의 물장구가 늦은 봄을 알리는도다   童子欲乎序暮春

그 이름이 사방에 펼쳐지니 가히 별천지라   名振四方稱別界

공은 삼국을 넘으나 세월의 풍진 어이하리   功過三國熱風塵

봉우리에서 나와 곳곳을 무심히 떠도는데   無心出峀徘徊處

여기 선경 있으니 신선이 몇이나 올랐는고 中有登仙老幾人

면온은 '멸온'에서 온 말이다. '멸滅'은 죽음이요, '온'은 '백百'을 뜻함과 동
시에 '온통' '온갖' 등과 같이 '많은 것'을 표현하는 순우리말임을 이해하면,
결국 '수많은 사람군사들이 죽어 멸망해간 곳'이라는 해석이 나온다. 지금이
야 이 일대에 대형 스키장이 자리 잡고 있지만, 오랜 옛날 두 왕조의 제왕
들이 패권 쟁취를 위해 생사를 건 전투를 벌였던 역사가 오롯이 숨어 있
다. 그 유래는 삼한시대까지 거슬러 올라간다.

삼한 중 진한은 고조선 멸망 후 북방 이주민들이 한강 이남에서 토착민
들과 연합해 세운 국가로, 낙동강 일대에 위치한 사로斯盧, 경주가 중심이었
으며 후에 신라의 발상지가 된 것으로 알려져 있다. 이 진한의 마지막 왕이
었던 태기왕이 경남 울산으로 추정되는 삼랑진에서 크게 패한 후 충남 일
원에서 머물다 다시 추격을 받아 쫓긴 것으로 보인다.

박혁거세는 그의 숨통을 철저히 끊어놓기 위해 추적을 거듭했다. 결국
태기왕은 이곳 태기산 일대에 폭 1미터, 둘레 1,840미터 산성을 쌓고 신라
대군을 맞아 4년여간 전투를 벌였으나, 끝내 패하고 몸이 세 동강 난 채 죽
었다고 한다. 그 당시 성 일부와 집터, 샘터 흔적이 지금도 남아 있다.《세
종실록지리지》등 고서에는 '성안에 마르지 않는 시냇물이 흐르고, 군대
창고 다섯 간. 관청 두 간과 우물도 있다'는 등의 기록으로 보아 몰락해가
는 한 왕조의 피신처였지만 상당한 위용을 갖추고 있었던 것으로 보인다.

태기왕과 박혁거세의 전쟁, 부족국가 진한의 멸망시기 등 역사적 사실
에 대해서는 학계의 논란이 계속되고 있다. 더구나 인근 평창지역에서는

• 삼실총 벽화. 아득한 옛날 지키려는 자와 빼앗으려는 자들의 처절한 역사가 있었다. 오늘날 패권주의가 여전한 것을 보면 '전쟁 욕구'는 어쩌면 인간의 본성인지 모를 일이다.

태기왕의 전설이 부족국가 시절 춘천에 자리 잡았던 맥국과 강릉의 예국 간의 전투에서 나온 것이라고 주장하고 있으나, 명확한 기록이 없어 간접적인 정보들을 모아 짐작해볼 뿐이다. 여하튼 당시 박혁거세가 진한에 속해 있던 부족들을 정복하고 도읍인 금성을 축조한 것이 기원전 57년임을 볼 때 줄잡아 지금으로부터 2,000여 년 전으로 추정된다.《삼국사기》의 기록에서 진한이 멸망한 시기를 미루어 짐작해볼 수 있다.

봄 2월 마한왕이 사신으로 온 호공에게 "진한과 변한은 우리의 속국인데 왜 공물을 바치지 않는가? 큰 나라를 섬기는 예의가 어찌 이럴 수 있느냐"고 꾸짖자, 호공은 "진한의 유민流民은 물론 변한, 낙랑, 왜인까지 우리를 두려워하지 않는 나라가 없습니다"라고 응대했다.

즉, 신라의 옛 이름인 서나벌에서 온 사신 호공이 마한의 왕에게 자기 나라는 '진한의 유민'들도 두려워한다고 했으니 결국 진한이라는 나라가 기원전 20년 이전에 사라졌다는 것을 방증한다. 어찌 되었건 횡성의 태기산 일대에서는 두 왕조 간에 장기간에 걸친 처절한 전투가 벌어졌던 만큼, 그 주변에는 당시 상황을 증언해주는 장소와 지명 등이 여기저기에 남아 있다.

태기왕 전설과 결부해 덕고산을 태기산으로 고쳐 부르게 되었고, 궁이 있었던 성은 태기산성으로 불리며, 지금도 이를 알리는 '태기산성비'가 세워져 있다. 군사들이 피 묻은 갑옷을 씻었다는 갑천, 왕이 옥새를 잃어버린 옥산대, 왕의 몸이 세 동강 난 삼동거리, 병사들을 훈련시킨 병지방, 귀족들이 낚시하던 낙수대와 왕이 간이침대인 어탑을 놓고 쉬었다는 어탑산, 적군에 쫓겨 말안장이 벗겨진 줄도 모르고 도망간 고개 질매재 등도 남아 있다. 태기산 자락에 있는 횡성 둔내면 화동리는 당시 군사들의 식량이 부족하자 이곳 골짜기에서 볍씨를 구해 농사를 짓도록 해주었다는 의미로 마을 이름에 벼 '화禾'자를 쓰게 되었다고 한다.

한편, 태기산은 1970~1980년대 선풍적인 인기몰이를 했던 황석영 작가의 대하 역사소설 《장길산》의 배경이 되기도 했다. 장길산의 친구 이갑

• 옛날 우리 조상은 꽃상여에 실린 채 구슬픈 상여 소리를 들으며 가는 것이 복된 저승길이었다. 지금이야 대부분 장의차가 편리하게 이를 대신하고 있지만….

송이 썩은 조정을 뒤엎기 위해 승려들을 모아 훈련시키고 금정굴에서 군사자금으로 쓸 위조 엽전을 제작하던 장소가 이곳이었다.

오늘날 횡성지역에서는 매년 '태기문화제'라는 장례문화 행사를 열어 태기왕의 넋을 기린다. 이 행사 중 횡성 〈회다지소리〉 공연은 지난 1984년 전국 민속예술 경연대회에서 대통령상을 수상하기도 했다.

지역의 문화제라고 하면 살아 있는 자들의 경축 마당이 보통이다. 그런데 이 고장에서는 '죽음'을 모티브로 축제를 치름으로써 삶과 죽음이 따로 있는 것이 아니요 하나이며, '죽음이 새로운 시작'임을 보여주는데, 그 역발상이 놀랍다. 이 문화제에서 상두꾼이 요령을 흔들면서 읊어대는 〈상여요 謠〉 자락은 물론이요, 하관下棺 후 흙을 다지는 선소리꾼의 〈회다지소리〉를 들으면 권력의 성쇠와 세월의 무상함이 느껴지고, 태기왕의 서글픈 영혼이 멀리서 다가오는 듯하다.

저승길 멀다더니 대문 밖이 저승일세

호오호오 허이나 갈까 호오

명사십리 해당화야 꽃 진다고 서러워 마라

호오호오 허이나 갈까 호오

여보시오 지원님들…어허름차 호오

이 내 말씀 들어보소…어허름차 호오

저승길이 멀다더니…어허름차 호오

대문 밖이 저승일세…어허름차 호오

가세 가세 어서 가세…어허름차 호오

ㅡ〈상여요〉 중에서

만승천자 진시황이 육국을 통일하고

아방궁을 높이 짓고 만리장성 쌓은 후에

동남동녀 500인을 삼신산에 보내여다

불사약을 구해서 장생불사 하렸으나

여사래 무덤이요

천하일색 양귀비도 매호 간에 묻혔으며

글 잘하는 이태백과 시 잘 짓는 도연명도

일생일사가 분명해 무주고혼이 되었구나

에이허라 달호… 에이허라 달호…

ㅡ〈회다지소리〉 중에서

대동방국을 그리던 궁예대왕의 꿈과 좌절

지금부터 1,100여 년 전 태봉국의 제왕 궁예는 강원도를 평정한 후 그 세력을 북으로는 대동강 유역, 남으로는 나주까지 뻗쳐 종래 통일신라 영토의 3분의 2 정도를 아우르게 되었다. 여세를 몰아 당시 동주_{철원}에 도읍을 정하고, 삼한 통일을 넘어 불력으로 천하를 다스리는 '미륵세계'를 꿈꾸고 있었다. 토성인 궁예도성 터가 남아 있는 풍천원은 현재 비무장지대에 속해 실사가 어렵지만, 옛 자료에 따르면 내성 둘레가 7.7킬로미터, 외성은 12.5킬로미터 정도로, '한성 백제'의 풍납토성_{3.5킬로미터}이나 고구려 국내성_{2.7킬로미터}을 능가하는 규모였다고 한다.

나라 이름도 고려, 후고구려에서 마진_{대동방국} 또는 태봉_{평화가 깃든 평등세계}으로 개칭해 삼한을 넘어 만주와 연해주까지 넘보는 기상을 담았다. 그러나 건국한 지 18년 만에 궁예는 자신이 가장 믿었던 왕건과 그 추종세력의 심야 쿠데타에 허를 찔린다. 대부분의 경우가 그렇듯, 이 반정 주체세력은

• 비무장지대에 위치한 궁예도성 터의 석등. 북방을 아우르는 거대한 미륵세계를 꿈꾸던 궁예대왕의 영혼이 이 외로운 석등 하나에 깃들어 있는 듯하다.

자신들의 정당성을 확보하기 위해 궁예의 온갖 실정과 패륜을 부각시키는 것은 물론 도참앞날의 길흉을 예언하는 술법까지 동원했다. 이에 대해 구한말 문신 이유원은 우리 역사의 일화 등을 묶어 쓴《임하필기》에서 '옛날 어떤 사람이 팔던 낡은 거울에는 뱀의 해巳年에 두 마리 용이 나타나는데, 한 마리는 청목松嶽. 송악 속에 몸을 감추고 또 한 마리는 흑금鐵圓. 철원의 동쪽에 그림자를 나타낸다. 먼저 닭계림을 치고 뒤에 오리압록를 때린다'는 내용의 이른바 고경참문古鏡讖文 설화를 소개한다. 이는 결국 송악 출신인 왕건이 먼저 신라를 장악하고 후에 압록을 거두어 삼한을 통일한다는 예언을 적은 글이라고 해석하고 있다.

기습을 피해 철원을 탈출한 궁예는 일단의 군사들을 이끌고 춘천 방향으로 도주하던 중, 지금의 소양댐 입구인 천전리 일원의 삼한골을 거쳐 의암댐 옆에 있는 삼악산에 오른다.

삼악산은 해발 654미터로 그리 높지 않지만 우리나라 5대 악산 중 하나로 불리기도 한다. 험준한 산세 때문인지 부족국가 시절 현재의 춘천 신북읍 발산리에 궁터를 갖고 있었던 것으로 전해오는 맥국의 전쟁터였으며, 19세기 말 이 지역에서 봉기한 의병 5,000여 명이 전투 방어선으로 삼았던 천혜의 요새다. 또한 1907년 이인직의 대표적 신소설이었던 《귀의 성》의 무대가 되었다.

지금도 이 지역 사람들 사이에서는 '삼악산이 조화를 부린다'는 속설이 전해온다. '춘천지역에 비가 올라치면, 제일 먼저 삼악산에 먹구름이 드리우기 시작한다. 수많은 원혼들의 슬픔과 한이 검은 구름을 만들고 눈물을 뿌리는 것이다. 이때가 되면 서민들은 빗물로 설거지할 준비를 한다. 간혹 산 정상에 화려한 무지개가 나타나기도 하는데 이는 원통하게 패망해간 각 왕조의 부흥을 소망하는 하늘의 뜻'이라는 내용이다.

궁예는 깎아지른 듯한 이 험산 위에 폭 1.3미터, 높이 2미터, 둘레 5킬로미터의 삼악산성을 쌓은 데 이어, 승려 출신답게 부처의 힘으로 재기해보려는 염원을 담아 흥국사까지 지어가며 전열을 정비한다. 그러나 초반

• 〈풍악기유〉는 육당 최남선이 1924년 〈매일신문〉에 연재한 글이다. 금강산에 대한 느낌과 함께 궁예와 관련된 철원 포천 지방의 전승을 수록하고 있다.

에 왕건 세력의 줄기찬 공격을 잘 막아내던 궁예 진영도 점점 세(勢)의 중과부적을 절감하던 차에 후방을 기습적으로 공격당하며 그 자리를 내주고 포천과 철원에 걸쳐 있는 명성산 일대로 또다시 밀려난다. 삼악산 피신 중에 기와를 굽던 와데기, 검술을 익히던 칼봉, 말을 매어둔 말골, 도성 쪽을 바라보았다는 망국대, 그리고 군사들의 옷을 말렸다는 옷바위 등 지명만 전설로 남긴 채….

명성산에서 다시 성을 쌓고 은거하던 궁예는 밀려드는 왕건의 군사들이 점점 늘어나자 자신의 군사들에게 "각자 살길을 찾아 흩어지라"고 명하고는, 극소수 측근들만 대동한 채 평강 방면으로 이동하던 중에 파란만장한 일생을 마감한다. 이때 군사들과 산새들이 궁예의 죽음에 절규했다고 해서 '울음산(명성산)'이란 이름을 얻었는데, 지금도 비바람이 몰아치는 날이면 사방에서 구슬픈 울음소리가 들린다고 전해온다.

궁예의 최후에 대해서는 "사복 차림으로 도망하다가 부양(평강) 백성에게 해를 입었다"거나 심지어 "보리 이삭을 훔쳐 먹던 중 백성에 의해 타살되었다"는 이야기까지 지극히 비굴한 모습뿐이다. 그러나 그의 영웅다운 스케일을 묘사하는 기록도 있다. '태봉주 궁예의 묘에는 석축이 수십 길이나 되고, 주변에 높다란 형대炯臺가 솟아 있으나 지금은 절반쯤 허물어져 있다.' 1864년 김정호가 펴낸 《대동지지》의 내용이다. 육당 최남선도 이러한 입장과 궤를 같이하고 있다. 1924년 궁예왕릉이 있는 삼방협평강-안변 일대에서 채록한 내용을 그의 여행기 〈풍악기유〉에 다음과 같이 기술해놓았다.

> 구례왕고려왕이 삼방 골짜기에 들어왔다. 재기할 땅을 찾고자 하던 차에 한 스님에게 "용잠호장龍潛虎藏할 만한 곳이 없겠느냐?"고 물었으나, 스님은 "이러한 궁벽한 곳에서 살길을 찾으니 어리석다"고 답했다. 그러자 구례왕은 "하늘이 나를 잊었노라"며 길게 탄식하고는 심연을 향해 몸을 던졌고, 우뚝 선 채로 운명했다. 그 뒤 이 지방의 독존신獨存神이 되었다.

통일신라 말기, 이른바 '강원왕국'이라는 대제국을 세우고 고구려의 후예임을 자처했던 궁예. 그는 죽음만큼이나 출생과정도 베일에 싸여 있는데다 우리 역사상 패악했던 제왕 가운데 으뜸으로 철저히 매도되어온 인물이다. 고려의 관찬서인 《삼국사기》와 조선의 관찬서인 《고려사》에 따르면, 궁예는 포악하기 이를 데 없는 데다 사람의 마음을 꿰뚫어본다는 이른바 미륵관심법을 내세워 '처자식을 비롯해 수많은 사람을 무참히 살해한 폭군이요, 미륵을 사칭한 사이비 교주'였다.

《삼국사기》는 '왕이 "네가 간통하니 무슨 일이냐?"는 말에 부인 강씨가 "어찌 그런 일이 있으리까"라고 하자, "내가 신통력으로 보아 다 알고 있다"며 무쇠로 된 방망이를 불에 달구어 그녀의 음부를 치고 두 아들까지 죽였다'고 묘사한다. 이러한 공식적인 기록들뿐만 아니라 구전 설화까지도 부정적 평가로 일관한다.

우선 '풍수가 궁궐 터를 잡아주면서 궁예에게 별도의 이야기가 있을 때까지 엎드려 있으라고 했음에도 무더위와 주변의 이상한 소리에 일어나자 학 세 마리가 날아갔다. 이로써 300년 지속될 왕업이 30년에 그쳤다'는 설화는 궁예의 치세가 단명할 수밖에 없었음을 애써 강조한다.

또한 '궁예가 고암산을 주산으로 해 궁궐 터를 잡자 고암산이 싫어서 이천伊川 쪽으로 머리를 돌렸고, 금학산은 고암산에 밀려난 것을 서러워해 3년 동안이나 나뭇잎을 피우지 않았다'며 자연의 마음조차 궁예에게서 떠났음을 은근히 부각시킨다.

심지어 '구미호가 궁예의 부인을 잡아먹은 뒤 그 부인으로 둔갑해 사람 죽이기를 즐기자, 궁예도 이를 흉내내 많은 사람을 죽였다'는 이야기에 이르면 궁예는 인간이 아닌, 사라져야 할 악마의 화신일 뿐이다.

그러나 후세의 많은 역사가들은 애초에 역사가 승리한 편에 의해 일방적으로 기록되는 데다, 비정상적인 방법으로 권력을 장악한 왕건 측이 의도적으로 각색한 측면이 강하다고 주장한다. 그 증거로 《삼국사기》와 《고려사》의 기록 등에서 모순점을 찾아냈다.

> 홍유 등 4인방이 비밀 모의 후 왕건에게 쿠데타를 종용하자, 왕건은 "신하로서 두마음을 가질 수는 없다"고 했지만, 당시 41세였던 왕건은 이미 30세부터 9층 금탑에 올라 왕이 되는 꿈을 꾸었다.

궁예가 폭정으로 지지를 잃어 자멸하고 왕건이 민심의 추대에 의해 왕위에 오른 것으로 강변하고 있지만, 왕건 즉위 후 나흘 만에 일어난 환선길 모반사건을 필두로 그해에만 여섯 차례의 반란, 후백제로의 집단 탈출 등이 잇따랐다.

궁예를 제왕 자질이 없는 미치광이 수준으로 묘사하면서도 '사졸과 노고를 같이하고 공적을 배분할 때는 사사로이 하지 않으며 많은 사람이 그를 두려워하고 경애해 장군으로 추대했다'고 기록하는 등 모순투성이다.

궁예는 이처럼 실체를 놓고 논란이 많았는데, 공식적인 역사 기록에 따르면 성이 김金씨로, 아버지는 신라 47대 헌안왕 또는 48대 경문왕이며 어머니는 궁녀였는데 이름은 알 수 없다고 한다. 궁예는 왕실에서 자라다가 '장래 나라에 이롭지 못할 인물'로 낙인찍혀 우여곡절 끝에 열 살 무렵 세달사로 출가, '선종'이란 이름으로 승려 생활을 했다. 그러다가 당시 북원지금의 원주을 본거지로 하던 초적 양길의 휘하에서 공을 세운 후 독자세력을 구축했으며, 급기야 새로운 국가를 창업한 입지전적 영웅이었다.

세달사의 위치에 대해서는 개풍의 흥교사, 영주의 부석사 등으로 논란을 빚어오던 중 최근 여러 정황상 영월군 흥월초등학교 분교 자리였음이 밝혀졌다. 이 지역에서는 '옛날 절이 크게 번창했던 당시, 끼니 때 남한강에 허연 쌀뜨물이 흐를 정도였다'는 이야기가 전해온다.

한편《삼국사기》에는 궁예가 자신의 부인을 죽일 때 두 아들 청광과 신광도 함께 죽였다고 적혀 있다. 하지만 학계 일각에서는 오늘날까지 그 후예들이 엄연히 핏줄을 이어오고 있을 뿐만 아니라, 정사의 기록과는 달리 '동광'이라는 또 한 명의 아들까지 있었다는 견해를 보이고 있어 흥미롭다. 다만 으레 그렇듯이 해당 종중에서는 이를 부인하고 있기는 하다.

앞서 서술한 것처럼 궁예는 역대 제왕 중 가장 많은 '역사적 부관참시'를 당해왔지만 당시 주 활동 무대였던 강원도와 경기도 일원에서는 그의 뜻을 기리는 자취가 여전히 살아 있다. 연천지역에서는 삼방三方을 다스리고 길흉화복을 주관하는 신적 존재인 구레왕고려왕으로 모셔지고, 도읍지였던 철원에서는 1982년부터 매년 '태봉제' 행사를 통해 궁예의 어가 행렬, 즉위식 등을 재현하며 그를 기리고 있다. 여기에 등장하는 '태봉국의 부활, 그 꿈으로의 초대. 1,100여 년 오랜 역사의 시간과 공간을 뛰어넘어 궁예왕의 대동방 건설이라는 이상과 같이 통일을 꿈꾸며'라는 캐치프레이즈에는 그 옛날 한반도를 넘어 북방지역까지 넘보던 한 걸출한 영웅의 크나큰 기상과 원대한 포부가 깃들어 있다.

오늘날 궁예의 이러한 웅지가 좌절된 것을 아쉬워하는 많은 이들은 그가 설파했다는 다음의 명언을 떠올린다.

"나는 비겁한 자와 친구가 되느니, 정직한 사람의 원수가 되련다. 독사와 전갈은 조심하면 되지만 비겁한 인간은 피할 수 없기 때문이다."

마의태자, 과연 삼베옷 입고 금강산으로 갔는가

구한말 일제 통감 이토 히로부미는 고종을 협박하며 양위를 종용하던 중 "신라 경순왕도 국운이 다했음을 알고 왕건에게 나라를 바치지 않았습니까?"라며 국가를 양도하는 것이 마치 우리 민족의 전통인 양 희롱한다. 지금 들어도 울분을 토할 일로, 이는 철저히 고려의 입장에서 기록된《삼국사기》내용에서 비롯된 바 크다. 그러나 이후에도 일제 강점기 때 쓰여진 이광수의 소설《마의태자》를 비롯해, 영화, 가곡, 대중가요까지 신라 왕족들의 나약한 이미지를 키우는 데 한몫했다. 1930년대 가곡 〈마의태자〉에 담긴 이은상의 노랫말을 보면 다분히 염세적이고, 패배주의적이다.

> 그 나라 망하니 베옷을 감으시고
> 그 영화 버리니 풀뿌리 맛보셨네
> 애닯으다 우리 태자 그 마음 뉘 알고

풍악산 험한 곳에 한 품은 그 자최

지나는 길손마다 눈물을 지우네 -1절

태자성 옛터엔 새들이 지저귀고

거하신 궁들은 터조차 모를노다

슬허라 우리 태자 어데로 가신고

황천강 깊흔 물에 뿌리신 눈물만

곱곱이 여울되어 만고에 흐르네 -2절

이러한 기록과 분위기는 상당한 세월이 흐르는 동안 그대로 이어져, 학창 시절 배운 마의태자도 '삼베옷 입고 금강산에 들어가 풀뿌리나 뜯어먹고 살다가 죽은 왕자' 정도였다.

그러나 사실은 이와 다르다. 태봉국 궁예가 죽은 후 37년이 지나 또 한 명의 지존이 자신의 어머니 죽방왕후와 처자, 충신열사들을 이끌고 경주, 충주, 제천, 양평을 거쳐 강원도 깊은 산으로 찾아든다. 그가 신라의 마지막 태자 김일이다. 《삼국사기》는 당시 상황을 '이에 왕_{경순왕}이 시랑 김봉휴로 하여금 국서를 가지고 가서 태조_{고려}에게 귀부를 청하게 했다. 왕자는 통곡하며 왕을 이별하고 곧 개골산으로 들어가 바위에 의지해 집을 짓고 마의와 초식으로 일생을 마쳤다'며 담담하게 기술한다.

앞서 살펴본 것처럼 2,000여 년 전 박혁거세가 강원도까지 쫓아와 진한의 마지막 왕인 태기왕을 무너뜨리더니, 그로부터 1,000여 년 뒤에는 신라 최후의 태자가 다시 강원도 땅에서 천년 왕업을 마무리하게 된다. 이것이

御製

此 此 金 佺 金 王
畫 金 傅 始 敬
畫 始 始 祖 順
見 中 者 之 王
而 有 之 祖
取 鵲

• 조속이 그린 〈금궤도〉. 경주 김씨의 시조 김알지는 금궤에서 나와 성을 '김金'으로, 총명하고 지혜로워 이름을 '알지'라고 칭했다. -《삼국사기》 중에서

'역사의 윤회'인지는 모르겠으나, 그로부터 500여 년이 지나 고려의 마지막 임금인 공양왕마저 또다시 이곳을 떠돌다가 생을 마감하게 되는 기이한 인연을 맺는다.

그러나 정사의 설명과 달리 오래전부터 마의태자가 당시 강원도로 와서 원주와 횡성 어답산, 홍천 지왕동 등을 지나 설악산 기슭 밑 인제군에서 '신라소국'을 세우고 대왕으로 옹립된 후 상당 기간 동안 고려에 대한 항전 체제를 구축하고 있었다는 주장이 있다. 실제로 그 일대에는 이를 뒷받침 해주는 지명, 유물, 유적 등 갖가지 증거가 수두룩하다. 우선 서울에서 속초 방향으로 가다 한계령을 넘기 전 나오는 인제군 상남면에는 김부리라는 마을이 있는데 여기서, '김부'는 경순왕의 이름金傅과 음이 동일하다. 다만 이 지명은 경순왕이 아닌 그의 아들 마의태자를 지칭하는 것으로 보인다. 《인제군사》를 보면 '이곳은 과거 김부동, 김보왕촌, 김보왕동, 김보리를 거쳐 김부리가 되었는데, 신라 56대 경순왕의 아들 마의태자가 이곳에 와 머무르며 신라를 재건하고자 김부대왕이라 칭하고 양병을 꾀했다고 해서 그렇게 불린다. 지금도 김부대왕각이 있어 봄가을 동제를 지내고 있다'고 한다.

여기서 마의태자가 본래 이름인 김일金鎰 대신 김부金富로 지칭된 것에 대해서는 여러 가지 설이 엇갈리고 있다. 뜻이 통하는 한자를 차용해서 쓰는 신라식 '향찰표기법'에 따라 부른 것이라는 해석에 따르면, '鎰'은 '溢'과 음이 같고 '溢'은 '富'자와 '넉넉하다'는 의미로 서로 통한다는 것이다. 즉 마의태자가 떠난 뒤 마을 주민들은 그를 기리면서도 고려 조정에는 '반역의 뜻이 없다'는 메시지를 보냄으로써 후환을 최소화하기 위해 의도적으로 고려에 항복한 경순왕 이름을 빌려 한자 표기만 달리했다는 것이다. 일각에서는 경순왕이 고려에 투항하면서도 마의태자에게 "신라 부흥에 나서라"는 밀명을 주었기 때문에 태자가 이를 받든다는 의미로 아버지 이름을 내세웠다는 흥미로운 주장도 있다.

한편 마의태자 이름에 얽힌 이야기와는 별개로 당시 상황을 가늠해볼 수 있는 지명들도 많다. 옥새를 숨긴 옥새바위, 태자의 수레가 넘은 행차고개 또는 수거너머, 충신 맹장군 일가의 고분군이 있는 맹개골, 지금은 진부령 고개로 불리는 김부령 등이다. 또 갑옷을 입고 진을 친 곳이라는 의미의 갑둔리, 마의태자를 따라온 화랑들이 결의의 표시로 손가락을 잘랐다는 단지골, 항전하는 병사라는 뜻의 항병골, 맹장군이 인근 양구군에서 군량미를 징발해 비축했다는 군량리 및 국권 회복과 광복을 의미하는 다물리 등을 접하면 마의태자와 추종자들의 신라 부흥 운동을 간접적으로나마 엿볼 수 있다. 특히 당시 신라재건 추진세력의 방어진으로 추정되는 한계산성의 삼신단 비명에서 발견된 간지干支의 제작연도가 고려 광종 20년970년과 21년971년으로 판명된 바 있어, 신라 멸망935년 후 최소한 35년 이상 이곳에서는 마의태자가 이끄는 부흥운동이 지속된 것으로 추측된다.

또한 이 지역에는 마의태자를 받들었던 다양한 자취가 남아 있다. 김부리 마을 중앙에 있는 대왕각에는 '신라경순대왕태자김공일지신新羅敬順大王太子金公鎰之神'이라는 위패와 철마상 모형이 모셔져 있다. 1987년에는 갑둔리 일원에서 고려 정종 2년1034년에 만들어진 것으로 보이는 5층 석탑과 간지도 발견되었는데, 여기에는 마의태자의 장수長壽와 가족의 안녕을 기원하는 내용이 있다. 마을 사람들은 수백 년 전부터 매년 음력 5월 5일과 9월 9

일을 맞아 동제를 지내오고 있는데, 제왕에 대한 예로 4배拜를 하며 제사상에는 마의태자가 좋아했던 미나리와 취떡을 올린다고 한다.

이들 신라 부흥 세력이 인제지역에 주둔한 이후의 행적과 관련해서는 여러 이야기가 내려온다. 결국 이곳에서 고려군에 패해 금강산에서 진지를 재구축했다는 이야기, 마의태자가 당초 알려진 한 명이 아니라 왕자 김일과 김분 두 명이었고 이들이 각자 설악산과 금강산에 있었다는 이야기, 설악산 일대를 떠난 세력들 대부분이 금강산을 지나쳐 여진으로 이동했다는 이야기 등이다. 이에 대해 육당 최남선은 1927년 금강산 유적들을 둘러보고 쓴《금강예찬》에서 '신라 태자의 유적이라는 것이 전설적 감흥을 깊게 하지만 역사적 진실과는 다르다. 세상만사를 다 끊고 깊은 산골에 들어온 태자라면 성이니 대궐이니 하는 것이 무슨 소용이 있었겠는가?'라고 반문하며, 금강산에 있다는 마의태자 유적지는 후대에 조작된 가짜라고 단언한다.

어떤 경우든 마의태자가 단순히 신라 패망에 분기를 누르지 못하고 개골산에 은둔하다 맥없이 죽었다는 고려 왕조의 설명은 허구라는 주장이 설득력을 얻고 있다. 《삼국사기》 등에서 굳이 금강산이라는 아름다운 말 대신 '모든 것이 해골인 죽음의 골짜기'를 의미하는 '개골산'이라는 명칭을 부각시킨 것도 태자와 그 세력의 종말을 사람들에게 세뇌시키려는 정치적 의도가 다분하다는 것이다.

결국 설악산을 떠난 마의태자 무리가 북쪽으로 진출을 거듭해 만주 일대에서 여진족을 통합하고, 이 후예들이 급기야 중국 금나라와 청나라를 세우게 되는 대목에 이르면, 그 옛날 마의태자가 간직해왔던 국권 회복 의

• 금강산 비로봉에 있는 신라 마의태자릉. 그가 금강산으로 갔다는 사실을 부정하는 사람들을 중심으로 이 무덤의 진위에 대한 논란은 여전하다.

지가 낳은 역사의 결과에 숙연한 느낌마저 든다. 수년 전 〈KBS 역사스페셜〉이 이러한 내용을 매우 심도 있게 밝혀내 주목을 받은 적이 있었다.

사서를 보니 신라 왕실인 김씨가 수십 세를 이어왔고 금이 신라로부터 온 것은 의심할 바 없다. 금나라 국호 또한 김씨 성을 취한 것이다.

-《흠정만주원류고》

청나라 몰락 과정을 그린 영화 〈마지막 황제〉로 잘 알려진 청나라 황제들의 성姓인 아이신쥐러愛新覺羅 중 '아이신'은 김金, '쥐러'는 족族이란 말로 결국 '김씨들'이란 뜻이다.

-《만주실록》

금 시조의 이름은 함보로 고려인金之始祖諱函普初從高麗來이라 했는데, 이는 경순왕의 외손이다.

-《금사金史》

여진의 추장은 신라에서 온 사람이고女眞酋長乃新羅人, '완안'으로 불렸다. 완완이라 함은 중국말로 왕王을 의미하는 것이다.

-《송막기문》

우리나라에서 마의태자 후손을 칭하는 성씨와 본관은 통천 김씨, 경주 김씨 대장군공파와 계림공파, 청풍 김씨, 부안 김씨, 부여 김씨 등 여섯 개인데, 이들 대부분이 대대로 살아왔던 곳으로 경주 일대가 아닌 현재의 강원도 통천을 거론하고 있어 당시 마의태자 추종세력들의 행로를 짐작하게 한다. 한편 경순왕은 1,000년 사직을 왕건에게 넘기고 한동안 천추의 한을 품은 채 충북 제천 백운면의 이궁離宮에 머무르며 강원도 땅을 가끔씩 방문했는데, 이때 주로 거처하던 곳이 원주 귀래면이다. '귀한 분이 오셨다貴

• 청나라의 마지막 황제이자 만주국 초대 황제였던 푸이의 이름은 '애신각라부의愛新覺羅溥儀', 즉 '신라를 사랑하고 깨닫는다'는 뜻은 아니었는지….

來'는 의미의 지역명이 여기서 유래했다.

또한 그곳 황산사의 타종 때가 되면 귀래면과 제천 백운면 사이에 있는 언덕에 올라 경주 쪽을 바라보면서 사죄의 큰절을 올렸다고 해서 '배拜재'라는 이름이 생겼으며, 이따금 월악산 덕주사에 머물고 있던 덕주공주가 올 때면 무던히 기다리지 못하고 배재까지 마중 가곤 했다고 한다.

마지막으로, 나라를 빼앗긴 후 신라 화랑의 후예답게 고려에 결사 항전하던 끝에 중국 대륙까지 진출을 꾀했던 마의태자를 기리며, 2003년 한 독지가가 인제지역에 세운 노래비의 가사를 음미해본다.

행치령 고개 넘어 백자동 고개 넘어

산새도 오지 않는 깊은 산골 갑둔리

달빛보다 더 푸른 천추의 그 푸른 한

나라를 찾겠노라 그 큰 뜻을 품은 채

어찌 눈을 감으셨나 마의태자 우리 님

하늘이 버리셨나 바람도 스산하다

무덤조차 잃어버린 첩첩산중 김부리

꽃보다 더 붉은 망국의 그 붉은 한

세월아 말을 하라 통한의 그 역사

어찌 눈을 감으셨나 마의태자 우리 님

-〈마의태자〉, 정두수 작사, 조영남 노래

고려 마지막 임금과 세 무덤의 미스터리

지금부터 600여 년 전 조선을 건국한 태조 이성계는 중추원 부사 정남진과 형조전서 함부림을 강원도 삼척에 파견했다. 그들은 오랜 유배에 행색이 초라해진 49세의 중년 남자를 꿇어앉힌 후 "군郡을 관동에 가 있게 하고 나머지 동성同姓들도 각자 편리한 곳에 가서 생업을 유지하도록 해왔다. 그간 대관들과 법관들이 열두 번 씩이나 연명으로 군에 대한 처단을 주청해 여러 날 다투었으나, 대소 신료들이 또 글을 올리어 간하므로 내 부득이 그 청을 따르게 되었으니 군은 이 사실을 잘 알라"는 교지를 전달하고 마침내 그와 두 아들을 교살했다.

《조선왕조실록》에서 고려 마지막 왕인 공양왕의 최후를 묘사한 대목이다. 그는 이 일이 있기 이미 4년 전, 이성계 일파의 치밀한 사전 계략에 따라 울며 겨자 먹기로 왕위에 올랐다가 2년 후에는 그들에 의해 '인심을 잃었다, 덕이 부족하다'는 이유로 강제로 폐위되어 강원도 일대를 떠돌고 있었다. 사실, 공양왕이 왕위에 거론될 당시부터 군왕 자질론 시비가 불거졌다. 봉건 왕조 시절 지존의 자리를 놓고 조정 중신들의 투표를 거쳐 가까스로 즉위할 때부터 이미 불행의 씨앗을 잉태하고 있었다.

이러한 연유로, 왕이 된 뒤에도 고려 왕조와 자신의 목숨을 보존하기 위해 이미 폐위되어 귀양 중이던 우왕, 창왕을 죽이는 등 정권 실세들의 충견 노릇을 해야만 했다. 심지어 자신의 신하인 이성계를 몸소 찾아가 의형제를 맺고 서로의 후손을 보호하자고 애원하는가 하면, 즉위나 퇴위할 때는 눈물까지 보였던 유약한 성품이었으니 조정 권력을 장악한 이성계 등 무인들에게 휘둘리기 십상이었을 것이다.《조선왕조실록》1392년 7월 17일자의 기록이다.

> 마침내 왕대비의 교지를 받들어 공양왕을 폐하기로 일이 이미 결정되어 있었다. 남은이 시좌궁에 이르러 교지를 선포하니, 공양왕이 부복해 명령을 듣고 말하기를 "내가 본디 임금이 되고 싶지 않았는데 여러 신하들이 나를 강제로 왕으로 세웠습니다. 내가 성품이 불민해 사기事機를 알지 못하니 어찌 심정을 거스린 일이 없었겠습니까?" 하면서 이내 울어 눈물이 두서너 줄기 흘러내렸다.

조선조로부터 '공손하게 왕위를 이양했다恭讓'는 의미의 굴욕적인 시호까지 받은 그는 자신의 두 왕자王奭, 王瑀와 함께 개성을 떠나 뱃길을 따라 강원도의 초입이자 현재의 문막읍 옆에 위치한 부론면 일원의 은섬포에

• 17세기 이징이 그린 《산수화첩》 적막강산을 떠도는 두 나그네의 모습이 마치 공양왕과 그를 따르던 불사이군의 화신 함부열을 닮았다.

다다른다. 배향산 중턱에 움막을 짓고 매일 산꼭대기에 올라 향불을 피워놓고 개경 쪽을 바라보며 조상과 백성에게 사죄의 절을 올리는 일을 반복했다. 이것이 결국 조선 조정에 알려져 유배지를 옮기는 빌미가 되고 만다. 배향산이 위치한 손곡리는 광해군의 어머니 공빈 김씨가 태어난 곳으로 오늘날에도 상당수 주민은 행정구역 명칭인 '손곡'보다 '손위실遜位室'이라 즐겨 부른다. 이는 '공양왕이 왕위를 물려주고 온 곳'이라는 데서 유래한 지명이다.

원주에서 쫓겨 간 곳은 현재 강원도의 동해안 북쪽 끝자락인 고성군 간성으로, 이 때문에 그는 후대에 '간성왕'이라는 별칭을 얻는다. 이 일대에 체류하던 중 역모의 우려가 제기됨에 따라 또다시 유배지를 옮기게 된다. 여기에 흥미로운 이야기가 전해온다.

당초 공양왕을 간성에 유배토록 한 데는 그를 따르던 지관들의 은밀한 공작이 있었다고 한다. 금강산과 설악산의 정기가 당시 그곳의 수타사에 서려 있다고 믿어 고려 왕조 재건 운동의 적지로 보았기 때문이었다. 그런 연유인지는 모르겠지만 공양왕이 피살된 후에 산의 정기가 뚝 끊어져 수타사 내에 빈대가 들끓는 등 도저히 살 수 없게 되었다. 결국 7층 석탑만 남긴 채 절을 불태워버리고 현재의 홍천군 동면으로 자리를 옮겨 가게 되었다고 한다.

한편 동해안을 따라 고성에서 삼척지역으로 밀려난 공양왕은 현재의 근덕면 궁촌리宮村里, 임금의 마을 한 민가에 머물던 중, 그 일대에서 공양왕 복위 운동이 일어나는 등 본인의 의지와는 상관없이 또 한 번 반역 음모론에 휘말리게 된다. 급기야 조정에서 내려온 집행관들에 의해 1394년 4월 17일

• 공양왕이 비명에 간 1394년 바로 그해에 조선은 개성 성곽 남쪽에 남대문을 짓는 등 새로운 왕조로서의 기틀과 면모를 갖추어 나간다.

마을 뒤편 살해재_{일명 사라치}에서 자신은 물론 왕자, 추종자들까지 본보기로 집단 처형됨으로써, 오랜 강원도 유배생활을 마감하게 된다. 이로써 고려 왕조도 역사의 뒤안길로 완전히 사라진다. 이때 겨우 살아남은 고려의 충신들은 울분을 삭힌 채 현재의 태백 방향으로 도주하다가 높은 고개에서 "다시는 세상에 나오지 않겠다"고 다짐하며, 관모帽와 관복衣을 벗어놓으니, 이것이 건의령_{巾衣嶺}의 유래다.

한편, 삼척 처형 장소에는 공양왕 일행이 사라져간 마지막 모습을 목격했을 법한 높이 20미터, 둘레 5.4미터에 수령이 1,000년 남짓 되는 대형 음나무가 지금도 서 있다. 마을에서는 이를 신령스러운 나무_{神木}로 섬기면서 매년 정월과 단오 때 제사와 굿을 올리는데, '나무의 잎이 동쪽 가지에서 먼저 피면 영동지방에, 서쪽 가지에서 먼저 피면 영서지방에 풍년이 든다'는 속설이 있다.

공양왕의 죽음과 관련한 최대의 미스터리는 능의 위치다. 공식 기록인 《조선왕조실록》에는 경기도 고양에 공양왕과 왕비의 능이 쌍릉 형태로 있다고 적혀 있다. 이곳에는 공양왕 부부가 자결했으며, 그들을 따르던 삽살개가 끝까지 주인의 시신을 지켰다는 전설도 전한다. 태종은 재임 중 공양왕의 묘를 찾으라는 명을 내려 고양 지방에 있다는 보고를 받고는 묘에서 능으로 승격시킬 것을 지시했다. 또 세종은 공양왕의 둘째 딸 정신궁주의 상소를 받아들여 군_君으로 강등되었던 그를 다시 공양왕으로, 어머니 순비_{敎和} 노씨를 왕비로 각각 추봉하도록 한 데 이어 묘호를 고릉_{高陵}으로 정했다고 한다.

그러나 삼척에서는 각종 고문헌, 역사, 풍속, 인물 및 주변의 지명 등을 들어 이를 반박하면서 "진짜 공양왕릉은 《태조실록》에 그와 추종세력들이 죽은 장소로 기록한 이곳에 있는 것이 확실하다"는 주장을 굽히지 않고 있다. 이들이 내세우는 문헌적 근거는 위의 《태조실록》 외에도 《척주지》《척주선생안》 및 일제 강점기에 편찬된 《삼척군지》 등이다. 이중 《척주지》는 예학의 대가이자 깐깐한 성품으로 정평 나 있던 미수 허목이 삼척부사 시절에 저술한 책이어서 신빙성이 높다.《척주지》내용의 일부다.

> 추라楸羅, 궁촌 마을에 오래된 무덤이 있는데 왕릉이라고 전한다. 이곳
> 의 밭을 왕이 머물던 옛 궁터라고 하나 떨어져나간 주초석이나 기와
> 도 없다. 늙은이들은 공양왕이 원주, 간성을 거쳐 우리 태조 3년에
> 삼척에서 운명했다고 말한다. 그때 왕의 집은 민가에 불과했으며
> 돌아간 후의 장례도 이와 같았다. 산지기 한 명만 있고 분묘는 폐허
> 가 되다시피 했다.

근래에 들어서도 여전히 능에 대한 진위 논란이 그치지 않자, 급기야
1977년 당시 근덕면장이 군수의 명을 받아 발굴에 나섰는데, 능 전면을
개봉한 후 석관이 있는 것까지 확인했지만, 이 과정에서 궁촌리 마을 사람
들이 "능을 파헤치면 동리가 망한다"고 극력 반대해 결국 뜻을 이루지 못
했다고 한다. 당시 발굴 도중 왕릉 및 다른 두 개의 무덤에서 구렁이가 나
오자 경악하며 왕과 왕자의 능이 틀림없다고 확신하게 되었다고 한다. 또
한 '신성한 능 앞에다 비린내 나는 생선 같은 것을 넣어 말리면 바람에 다
날려간다'는 속설도 내려오고 있는 가운데, 특히 궁촌 마을에서는 3년마다
지내는 어룡제에 앞서 공양왕릉에 먼저 제사를 받드는 풍습이 남아 있다.
　현재로서는 고양과 삼척 두 곳 왕릉의 진위를 가릴 결정적 증거를 찾지
못했다. 이렇다 보니 당시 공양왕 등을 살해한 후 몸통은 삼척에 묻고, 머
리는 사실 확인을 위해 한양으로 가져갔다는 설에서부터, 살해 현장인 삼
척에 매장했다가 나중에 능을 고양으로 이장했다거나, 고양의 왕릉은 애

초부터 시신이 없는 가묘에 불과하다거나, 고양릉은 순비 노씨의 것이라는 등 각종 이야기가 분분한 실정이다. 더구나 이처럼 논란이 지속되고 있는 가운데, 최근 들어서는 양근 함씨 후손을 중심으로 진짜 왕릉은 삼척도, 고양도 아닌 간성에 있다는 주장과 함께 이를 뒷받침하는 사연이 제기되었다.

공양왕이 강원도로 유배되던 당시는 바야흐로 새 왕조가 막 열려 새로운 집권세력의 서슬이 시퍼렇던 때였다. 이러한 험악한 분위기 속에서도 은밀히 폐왕을 따라온 충신이 있었으니, 그가 바로 고려 왕조에서 예부시랑_{오늘날 교육과학기술부 장관}을 지낸 바 있는 함부열이었다. 그는 공양왕이 간성 수타사에 체류하던 1년 수개월 동안 인근 지역에 터를 잡고 아예 식솔들까지 내려오게 한 후 오로지 주군의 안위를 보살폈다. 그러나 이러한 정성에도 공양왕 일행은 또다시 삼척으로 쫓기게 되고 그도 조용히 뒤따른다. 급기야 공양왕 최후의 날이 다가왔는데, 운명의 장난인지 그 집행관으로 형조전서 함부림, 곧 자신의 친형이 온 것이 아닌가!

이에 함부열은 공양왕을 살리기 위해 온갖 궁리를 한 끝에 형을 찾아가 다른 사람들은 처형해도 좋으니 임금만은 자신에게 넘겨달라고 간청을 거듭한다. 동생의 충절에 감명받은 형은 공양왕을 극비리에 간성으로 피신시킨다. 하지만 함부림은 뒤늦게 앞날에 대한 걱정과 어명을 어겼다는 자책감을 이기지 못하고 자객을 동원해 간성에 숨어 있던 공양왕을 기어이 찾아내 죽이니, 이때가 1394년 4월 25일이다. 실록에 처형일로 기록된 4월 17일에서 8일이 지난 후다.

이후 함부열은 왕의 시신을 남몰래 수습해 일체의 석물을 배제한 채 소박하게 인근 고성산 자락에 매장하고 자신도 간성에 은둔하면서 주군의 능을 보살피는 일에 여생을 바쳤다. 그는 이곳에서 낳은 아들의 이름을 '함극충咸克忠'이라고 할 정도로 고려를 향한 지극한 충성심에 변함이 없었다. 임종을 앞두고는 "왕릉 밑자락에 나를 묻고, 제사 때는 반드시 임금님께 먼저 예를 올리되 축문은 하지 말라"고 유언했는데, 혹시라도 왕릉의 실체가 소문나 후손이 다칠 것을 염려했기 때문이라고 전한다.

이러한 연유로 고성군 간성읍 및 죽왕면 일원에는 후손이 600여 년째 집성촌을 이루어오고 있다. 종중묘 중건이나 시제를 지낼 때는 고려 왕실의 후손인 왕씨 문중에서도 방문, 함부열의 충절을 기리기도 한다. 또한 함부열은 당시 이성계의 역성혁명에 반기를 들어 '두문불출'이라는 말을 낳게 한 '고려 72현賢'에도 이름이 올라 불사이군의 충신으로 우뚝 서게 된다. 특히 죽왕면 왕곡마을에 대대로 살고 있는 함씨들 중에는 함부열의 후예답게 효심이 뛰어나 조선시대 조정으로부터 벼슬과 함께 효자비를 받는 일이 이어졌다. 현재 마을에는 이를 알리는 양근 함씨 4세 효자각이 서 있다.

한편, 공양왕의 사형 집행관이었던 형 함부림은 조선 개국공신 반열에 올라 영의정에 추증되기까지 했는데, 이렇게 엇갈린 형제의 선택이 결국 그 후손에까지 미쳐 형 부림계는 강릉, 동생 부열계는 양근양평의 옛 지명으로 본관이 나뉘는 결과를 낳았다. 그 세력도 강릉 함씨의 경우 조선시대에 가문이 번창했기 때문인지는 몰라도 지난 2000년 기준 5만 6,718명으로, 은둔의 삶을 살았을 것으로 보이는 양근 함씨1만 478명를 훨씬 앞서고 있다.

어느 왕릉이 진짜 공양왕의 것인지는 알 수 없지만, 삼척과 간성 두 군데에 현존해 있는 그의 묘는 그간 온갖 역사의 풍랑을 넘고, 지난 1997년과 2000년 동해안 일대를 휩쓸었던 대형 산불의 와중에서도 별다른 피해를 입지 않은 가운데 온전히 지켜지고 있다. 고려 왕조의 종언과 관련한 이야기를 마무리하면서, 1943년 음력 4월 2일 당시 삼척지역 공양왕릉 제향 행사에서 낭독되었던 제문의 일부를 소개한다.

> 마지막에 왕운은 불행을 당해 산해에 한 줌의 흙이 되어 무덤 속으로 돌아가고 강산은 주인이 바뀌어 영혼은 보금자리로 다시 돌아오지 못하게 되었으니 천년의 한이로다. 세월은 흘러가고 사람마저 사라졌구나. 이 왕의 능에는 향불을 지키는 사람도 없어서 좌우 밭둑길에는 잡초가 우거지고 앞뒤 언덕에는 가시덤불만이 무성하니 더욱 한스럽구나.

동해안 남단에서 조선 왕조 창업이 움트다

지난 2008년 2월 무려 600년이 넘도록 온갖 풍상을 견디어온 숭례문이 한 노인의 방화로 석축을 제외한 건물 전체가 소실되었다. 창건 당시 남쪽에 위치한 관악산의 불기운火氣를 누르기 위해 숭례문이라 이름 붙여진 대한민국의 상징, 국보 제1호가 다섯 시간 동안 화마에 싸인 채 맥없이 무너지는 아이러니를 연출했다. 이름도 불꽃이 타오르는 모습을 형상화한 '숭崇'자와 오행에서 화火에 해당하는 '례禮'자를 쓰게 되었으니, 이는 곧 '불을 불로써 제압한다'는 비보책裨補策에서 비롯되었다.

그로부터 1년여 지난 2009년 2월 3일, 각 언론은 다음과 같은 골자의 기사들을 앞다투어 보도했다. '화재로 소실된 숭례문의 대들보로 쓰일 재목으로 강원도 삼척 준경묘 금강송 열 그루가 오늘 경복궁 부재관리소에 도착했다. 높이 20미터, 지름 70센티미터, 수령 100년 이상의 준경묘 금강송은 예로부터 궁궐용으로 쓰이던 소나무로, 숭례문 대들보와 추녀 등을

• 성벽이 헐리기 전인 19세기 말로 추정되는 숭례문의 모습. 오늘날 이 주변에 차량의 물결이 넘치는 것과 비교하면 다소 지저분하긴 하나 오히려 여유로운 광경이다.

만드는 데 활용된다.'

여기서 눈길을 끄는 것은 다소 생소한 이름인 '준경묘'다. 준경묘가 무엇이기에 강원도 동해안 남단에 있는 삼척까지 가서 재목을 구하려 할까? 이에 대한 답을 찾기 위해서는 무려 780여 년을 거슬러 올라가야 한다. 강원도에서도 변방에 위치한 삼척은 참으로 기묘한 사연을 담고 있는 역사의 현장이다. 앞서 살펴본 바와 같이, 공양왕의 죽음과 함께 고려 왕조가 종언을 고한 곳일 뿐 아니라, 고려를 멸망시킬 새 왕조 조선의 창업이 이미 오래전에 예언된 곳이었다.

때는 고려 후기인 1231년이었다. 당시 이성계의 조상은 본향인 전주에 대대로 살며, 대체로 무인집안의 전통을 이어가던 중 4대조 목조 이안사 대에 와서는 사병 170여 호를 거느리며 반정부적 성격을 띤 토호세력을 형성하고 있었다. 그 무렵에는 각 지방에서 고려 조정에 반기를 들고 일어났던 군소 호족들이 다수 포진해 있던 시절이었고, 이안사도 그들 가운데 하나였다.

이러한 상황을 조심스럽게 관찰하던 전주 주관州官과 전라도 안렴사가 중앙에서 내려온 산성별감과 상의 끝에 군사를 동원해 치려 했는데, 이를 눈치챈 이안사는 170여 호를 이끌고 태산준령을 넘어 현재의 삼척 미로면 활기리로 도피해 터를 잡는다. 그가 굳이 전주에서 수천 리 길인 삼척을 찾은 것은 이안사의 외조부가 삼척 이씨의 시조이자 고려 대장군인 이강제로, 외향外鄕이라는 혈연적 기반이 있었던 데다, 앞뒤로 동해와 준령이 막고 있어 관군의 추격을 피하기 좋은 천연요새라는 점이 작용했다.

이처럼 다소 딱딱한 내력과는 달리, 이안사가 총애하던 여인과 결부된 흥미로운 이야기도 전해온다. 이안사가 전주에서 생활할 때 매우 아끼던 어떤 관기가 있었는데, 어느 날 새로 부임한 산성별감이 자신의 취임을 축하하는 술자리에서 그 기생의 미모와 춤 실력에 반해 수청 들 것을 강요하는 등 온갖 추태를 부렸다. 이에 이안사는 자신이 거느리던 패거리를 동원해 구타를 하고는 후환을 우려해 야음을 틈타 삼척으로 도망치게 되었다는 것이다.

어쨌든 삼척에서 도피생활에 들어간 이안사는 자신을 따라온 추종 세력들과 함께 배 15척을 건조해 수차례 왜구를 물리치는가 하면, 몽고군 침입 시에는 인근 두타산성에 방어진을 구축하고 싸우는 등 그 지역에서 상당한 세력을 형성해갔다. 그러던 중 부모가 모두 타계하자, 그곳에 모시게 된다. 세월이 흘러 아버지 이양무_{이성계의 5대조}의 묘는 '준경濬慶묘', 어머니 삼척 이씨 묘는 '영경永慶묘'로 각각 불리게 되는데, 특히 준경묘와 관련해서는 다음과 같이 조선개국을 예고하는 금관백우金棺百牛 설화가 전해온다.

이안사가 삼척에서 피난생활을 하던 어느 날 아버지 이양무가 숨을 거두게 되는데, 미처 장지를 마련하지 못한 터라 궁리만 거듭하고 있었다. 때마침 하인이 장례에 쓸 나무를 하러 갔다가 언덕에서 노승과 동자승이 어떤 묏자리를 보고 "장차 왕이 나올 명당"이라고 이야기하는 것을 듣고는 주인에게 고한다. 이안사가 급히 달려가 그들에게 자신의 처지를 말하고 간곡히 청하니 길지를 가리키면서 "5대 후손 중 제왕이 탄생할 것이로되, 반드시 금관과 소 100마리를 써 제를 지내야 한다"고 말하고 떠난다.

피난 와 있는 처지로 도저히 금과 그 많은 소를 구할 수 없었던 이안사는 결국 누런색의 호밀대로 관을 만들고, 때마침 처가평창 이씨에 있던 흰 소白牛가 소 100마리百牛와 음이 같고 글자도 비슷하다며 그 소를 잡아 장사를 치르고 매장하니, 이곳이 곧 '준경묘'다.

호사가들 간에는 조선 왕조가 온갖 고난과 풍파를 겪은 것은 노승이 시킨 대로 하지 않고 이처럼 편법으로 묘를 썼기 때문이라는 이야기도 나오고 있다.

그러던 어느 날 이안사는 전주에서 자신을 치려던 산성별감이 강원도 안렴사가 되어 삼척으로 순시를 올 예정이라는 소식을 접한다. 고심을 거듭한 끝에 다시 170여 호를 이끌고 북쪽으로 올라가 고려와 원나라를 넘나들며 무인생활을 하는데 이것이 후대까지 계속 이어진다. 1940년 《강원도지》는 '성품이 호방한 목조는 천하를 경영하려는 뜻을 갖고 있었다. 이곳 활기동에 살던 중에 전주에서 만났던 산성별감이 다다른다는 소식을 듣고는 가족을 이끌고 항해해 함길도 덕원군에 이르렀다. 170여 호가 또 그를 따라와 원나라에 귀화해 경흥부에서 동쪽으로 3리 떨어진 곳에 옮겨 살았다. 조선 왕업의 흥기가 여기에서 비롯되었다'고 당시 상황을 묘사하고 있다.

목조 이안사가 삼척을 떠난 지 160여 년이 지나, 노승의 예언대로 4대 후손 태조 이성계가 새 왕조의 지존에 오른다. 삼척에 5대조 묘가 있다는 사실도 알게 되어 백방으로 실체를 규명하도록 어명을 내린다. 그러나 묘를 잃어버린 상태에서 워낙 많은 세월이 흘러 찾는 데 끝내 실패하자 그 대신 왕실의 외향인 삼척군을 부府로 승격시키고 '홍서대'를 내린다. 서대犀帶란 조선시대 일품 벼슬의 관리들이 허리에 두르던 것으로, 태조가 삼척부에 하사한 홍서대는 물소 뿔을 장식으로 붙인 길이 1.2미터의 붉은 띠로, 강원도 지방 민속자료 2호로 지정되어 있다. 그러던 중 세종 때에 들어서야 삼척부사가 어명을 받들어 이 양묘兩墓의 행방을 찾게 되었지만 역대

• 삼척시립박물관에 소장되어 있는 홍서대(오른쪽), 그리고 그 내력 등을 상세히 기록해놓은 기적 記蹟(왼쪽). 조선 왕실의 뿌리 찾기 노력을 증언해준다.

왕들의 재위기간 내내 그 실체에 대해 반신반의가 계속됨에 따라 국가 차원의 묘역 관리가 흐지부지되었다.

이러한 사실에 대해《어사홍서대기적》은 다음과 같이 적고 있다.

성종 대 왕명에 의해 묘를 수축하려다가 다시 왕명에 의해 중지하고, 묘를 지키는 일도 그만두었다.… 선조 때는 강원도 관찰사 정철이 양묘를 수축할 것을 건의해 개축하고 수호군도 두었다. 이때 양묘는 황지黃池에 있다고 이의를 제기하는 자가 있어 수색했으나 찾아내지 못했다.… 황지 서쪽에 진짜 묘가 있다는 다른 상소가 올라와 탐방했으나 역시 증거를 찾지 못했다. 그후로는 다시 양묘에 대해 이의를 제기하는 이도, 탐문하는 일도 없어졌다.

우여곡절 끝에 1899년 고종 때 이르러 묘의 이름을 '준경'과 '영경'이라고 공식적으로 명명한다. 이때 제반 관리와 의식 절차 등을 엄격히 시행하는 규정인 '양묘수호절목兩墓守護節目'도 제정해 시행하게 되는데, 그 내용이 매우 치밀하고 세세해 양묘 일대에 현재와 같은 금강송 군락지가 조성될 수 있었던 이유를 미루어 짐작할 수 있게 한다.

강원도 관찰사를 비롯한 인근 지역 부사, 군수 등 관할 지방관들이 묘에 대한 관리와 제례 등을 책임지되 그 결과를 정기적으로 중앙의 관할 부서에 보고하도록 했다. 이 과정에서 각별히 신경을 쓰는 것이 식목과 산불 방지다. 특히 산불 예방을 위해서는 묘 주변에 사람들의 접근을 막는 표계標界를 설치하고 벌목, 벌초에 만전을 기했으며, 이러한 제반 업무를 위해 무려 14명의 실무 관리를 배치해놓았다.

이처럼 고종 때부터 묘소를 수축하고 제실과 비각을 건축하는 등 성역화하면서 일대에 토종 소나무 조림과 보호에 만전을 기한 것이 결과적으로 오늘의 금강송 군락지를 원시림 형태로 유지해주었다. 특히 이 지역의 송림은 임금의 관을 짤 때 쓰이던 황장목으로, 경복궁을 중건할 때도 자재로 사용한 명품이다.

여기에 흥미로운 이야기가 있다. 산림청은 충북 보은 속리산에 있는 천연기념물 정2품송의 품종 교배용으로 전국을 뒤진 끝에 이곳에서 '미인송'으로 불리는 늘씬한 소나무를 찾아냈다. 정2품송의 수술 꽃가루를 미인송의 암술에 뿌려 얻은 2세 소나무 200여 그루가 지금 국립산림과학원에서 자라고 있다.

지난 2001년에는 세계 최초로 이 정2품송신랑과 미인송신부 간의 전통 혼례식을 가져 한국 기네스북에 오르기도 했다. 또한 2005년에는 이곳 금강송 군락지가 전국 '아름다운 숲' 경연에서 '천연의 숲' 부문 대상을 수상하는 등 화제가 되었다.

한편, 풍수지리가들 간에는 준경묘가 전국 10대 명당에 꼽히는 길지로 통한다. 그러나 우백호오른쪽 산줄기의 기운이 좌청룡왼쪽 산줄기을 압도하는 형세여서 조선시대 내내 좌청룡에 해당하는 장남들이 수난을 당하는 역사가 이어졌고, 좌청룡과 우백호가 마주보며 대결하는 양상이라 왕자들 간에 다툼이 계속되었다는 재미있는 해석도 내놓고 있다.

지역에서도 마을이름인 활기리의 원래 명칭이 황기리皇基里 즉 '왕이 나올 터'로, "언뜻 보아도 명당이라는 느낌을 받는다"며 각별한 애정을 갖고 있다. 2000년 삼척지역에 대형 산불이 발생했을 때 묘를 지키기 위한 주민 조직을 운영하는가 하면, 경복궁 중수 등 정부의 고건축 복원이 있을 때마다 일대 소나무들이 벌채되는 수난을 겪는 데 대한 반감으로 관계 요로에 탄원서를 제출하기도 했다.

오래전부터 일본의 상당수 극우 사학자들은 "이성계가 여진족 후예이므로 조선 왕조가 사실상 500여 년간 여진족의 지배 아래 있었다"는 주장을 펼쳐 우리를 자극하고 있다. 이러한 상황에서 준경묘는 그들의 억지 논리를 반박하고 이성계의 혈연적 뿌리를 밝히는 것은 물론, 우리 역사의 정체성을 재확인하는 유서 깊은 현장인 셈이다. 이 준경묘는 전주 이씨 시조 이한의 묘로 전주 덕진구에 있는 조경단肇慶壇 이래 남한에서 확인된 태조 이성계의 조상 묘 가운데 가장 오래된 것이다. 매년 4월 20일 문중 차원의 제례 행사가 펼쳐지고 있는데, 모든 절차는 일반 묘가 아닌 왕릉에 대한 예법을 따르고 있다. 즉 묘가 아닌 능으로 지칭하며 받들고 있는 것이다.

동강 낙화암에 깃든 단종의 슬픈 영혼

금부도사 왕방연은 익선관과 곤룡포를 차려입은 17세 미소년이 서 있는 동헌 앞마당에 사약을 받들고 엎드린 채 차마 어명을 전하지 못하고 울고 있었다. 이 긴장된 분위기 속에서 향교 일꾼인 공생 하나가 그 소년의 등 뒤로 몰래 돌아가 갑자기 활줄을 목에 감은 뒤 힘껏 잡아당기자, 소년은 한참 뒤 맥없이 쓰러져 절명했다. 활줄을 당긴 공생 또한 몇 발자국 물러나 피를 토하고 죽으니, 1457년 10월 24일이었다.

지존의 자리에서 서인의 신분으로 전락한 데 이어 급기야 숙부인 세조로부터 목숨을 빼앗긴 단종의 최후다. 비정한 중앙 정치권력의 소용돌이에 휘둘리다가 두 달 전 한양을 떠나 낡은 수레에 실린 채 8일간의 고행 끝에 머나먼 영월 땅에 유배되어 '육지 고도孤島'인 청령포와 관풍헌에서 기약 없는 비탄의 세월을 보내던 중이었다.

후세 사람들은 이러한 단종의 죽음에 대해 사약을 받아 마셨다느니,

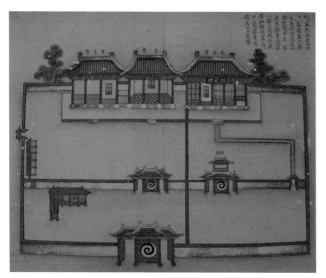

• 《월중도》의 관풍헌. 단종 죽음에 얽힌 미스터리와 관련, 사약을 받은 곳으로 알려졌다.

• 《월중도》의 청령포. 유배된 단종이 극도의 불안함과 정순왕후에 대한 그리움으로 눈물짓던 곳이다.

스스로 활줄로 목을 매어 자결했다느니, 왕방연 일행이 오는 것을 미리 알고 청령포에 투신했다느니, 심지어 방에 갇힌 채 증살당했다는 등 상상력을 총동원한다. 하지만 《세조실록》에는 '노산군이 스스로 목매어서 졸하니 예로써 장사 지냈다'고 간단하게 기록하고 있을 뿐, 어떤 설명이나 해명도 없다.

이때, 왕방연은 단종의 유배 길 호송과 사약 집행을 위해 두 차례 영월에 내려갔는데, 견딜 수 없는 괴로운 심경을 시조에 담아 토로한다. '천만 리 머나먼 길 고운 님 여의옵고/ 이 마음 둘 곳 없어 냇가에 앉았으니/ 저 물도 내 안 같아야 울어 밤길 예놋다.' 단종이 죽은 뒤에는 한양으로 올라와 스스로 관직에서 물러나 봉화산 밑 묵동墨골 일원에 은거하게 된다. 묵필을 벗하며 배나무를 심어 단종의 기일이 되면 물이 가득 밴 배를 수확해 제사상을 차리고 사죄의 절을 올린다. 유배 길을 호송할 당시 단종의 간청에도 불구하고, 조정의 명에 따라 물조차 제대로 드리지 못한 회한 때문이었다. 이러한 이유로 그가 심었던 배나무가 퍼져 오늘날 전국적으로 명성이 자자한 먹골배가 되었다고 전한다.

유배 기간 중 단종이 한 일이란 극도의 불안과 그리움을 달래는 몸짓이 전부였다. 청령포에서 왕비인 여산 송씨訓날 정순왕후를 생각하며 돌을 쌓은 망향탑, 한양 쪽을 바라보며 시름을 달랜 노산대, 이러한 슬픔을 보고 들었을 법한 관음송 및 소쩍새와 밤새도록 대화를 나누었다는 관풍헌 앞 자규루 등이 남아 그때의 처연한 심경을 대변해준다.

이로부터 60여 년간 단종은 시신의 행방이 묘연한 채, 그의 존재가 역사와 종친록에서도 삭제된다. 심지어 경북 성주의 선석사에 있던 태실마저 세조의 것과 함께 있다는 이유로 철거당하는 등 조선판 '역사 바로 세우기'의 희생물이 되었다. 이를 《세조실록》은 '노산군 및 이유금성대군 등은 그 죄가 종사와 관련되는 바 속적屬籍을 마땅히 끊어야 합니다. 청컨대 아울러 자손까지도 종친에서 삭제하고 부록 같은 곳에 기록하도록 하소서'라고 적고 있다.

그러나 단종의 역사를 단절하려는 조선 조정의 끈질긴 노력에도, 민초들의 흠모와 연민은 그들의 애환과 어우러져 온갖 일화와 전설을 낳았다. 특히 강원도에서는 영월을 중심으로 신격화된 지 오래다. 우선 영월 유배기간 중 조정의 살벌한 감시에도 아랑곳하지 않고 고립무원의 단종을 보살펴온 많은 의인의 이야기가 내려오면서 영월은 후대에 이른바 '충절의 고장'으로 불리게 된다.

이중 단연 눈에 띄는 인물이 엄흥도다. 당시 그 고장 호장직에 있었던 그는 매일밤 풍우를 마다않고 물을 건너 청령포에 고립된 단종을 보필했다. 기어코 단종이 승하하자 "시신을 거두는 자는 삼족을 멸한다"는 서릿발 같은 명에도 아랑곳하지 않고 동강에 내던져진 시신을 수습해 몰래 묻은 후 잠적했다. 이에 다음과 같은 전설이 내려온다.

> 왕의 시신을 지게에 지고 모실 곳을 찾기 위해 눈 쌓인 동을지산冬乙旨山을 헤매고 있는데, 갑자기 노루 한 마리가 달아나 살펴보니 노루가 앉았던 자리에 눈이 녹아 있다. 그 자리에서 한숨을 돌리고 다시 가려 하나 지게 목발이 움직이질 않는다. 결국 그 자리를 파고 상왕을 모시고는 어디론가 사라진다.

영월 엄씨는 통일신라 때 시조 엄림의가 당 현종으로부터 새로운 악장을 각 나라로 전파하라는 명을 받고 우리나라에 입국했다가 영월 땅에 눌러 살게 된 귀화 성씨다. 시조의 12세손인 엄흥도가 단종의 시신을 수습하고 잠적함에 따라 후환을 두려워한 후손들은 가문의 족적이 담긴 문적을 모두 불사르고 깊은 산속 등으로 흩어졌다. 다행히도 숙종 때 들어 단종이 복위되면서 '충절의 명가'로 부상한다. 당시 엄흥도는 충신 중의 충신으로 평가되면서 공조판서에 추증되고 '충의공'이란 시호와 불천위不遷位, 영원히 받들어 제사 지내는 것까지 받게 된다. 오늘날에도 12만여 명영월 1,500여 명에 달하는 영월 엄씨 후예들은 엄흥도가 남긴 '위선피화, 오소감심爲善被禍, 吾所甘心, 바른 일을 하다 화를 당하더라도 기꺼이 감수한다'이란 유훈을 문중의 가헌家憲으로 받들고 있다.

한편 추익한은 홍문관 부수찬, 한성부 부윤 등을 지내고 영월에 낙향해 있었는데, 단종이 유배되자 늘 곁을 지키면서 산머루를 따다 진상하고 같이 시를 읊으며 벗했다. 그러던 중에 단종이 절명하자 숙식을 잊고 절규하다 피를 토하고 죽은 인물로, 그의 꿈이 전설처럼 전한다.

"진상을 위해 산기슭에서 머루를 따고 있는데 단종께서 백마를 타고 납시었다. 황급히 달려가 연유를 여쭈니 '짐은 태백산으로 가는 길이오'라고 해서 머루를 드리려 하자 '이제는 이것을 맛보고 싶지 않으니 예전에 거처하던 곳에 갖다 두라' 하고는 홀연히 사라지셨다. 기이한 생각이 들어 관풍헌으로 달려갔으나 이미 승하하신 뒤였다."

군위 현감이던 정사종은 단종이 유배된 뒤 영월로 내려와 이름을 정거실로 고치고 은둔생활을 하던 중 단종이 승하하자 엄흥도와 더불어 시신을 거두어 장사 지낸다. 천륜을 저버린 세조의 치세에 기대할 게 없다며 아들에게 "농촌으로 돌아가되, 자손 대대로 나무 하고 소나 키우며 공명을 좇지 말게 하라"고 유언한 뒤 청령포에 투신한 것으로 알려져 있다.

문종 때 집현전 직제학을 지낸 원호는 생육신의 한 사람으로 수양대군이 권좌를 탈취하자 병을 구실로 원주로 낙향했다. 단종의 유배 소식을 듣고는 영월 서쪽에 초막 관란정을 짓고 그리워하다 단종이 승하하자 3년간 상복을 입었다. 말년에는 평생 저술해온 책들을 불사르고 자손들에게 "책을 읽어 명리名利를 구하지 말라"고 유언했는데, 그와 관련해 '이불 빨던 여인의 이야기'가 전승된다.

> 단종이 동쪽으로 옮기던 때 원관란이 제천 주변에 집을 짓고 상왕의 기거를 살피고자 했다. 옷을 진상하거나 음식을 올릴 때면 반드시 먼저 낙엽에 글을 써서 빈 표주박에 넣어 강에 띄우면 청령포에 도달한다. 그리고 몸소 가서 그것을 공경히 진상한다.
>
> 이웃 아낙네가 이불 빨래를 하기 위해 매번 강가로 가면 공이 늘 먼저 나와 있었다. 여인이 이상히 여겨 물으니, 공은 눈물을 흘리며 "충신은 두 임금을 섬기지 않고, 열녀는 두 남편을 섬기지 않는다고 합니다. 나의 옛 임금이 청령포에 계시기 때문에 이곳에서 바라보는 겁니다"라고 했다. 그 여자가 듣더니 울면서 말하기를 "첩은 며칠 후면 개가를 하게 됩니다. 그래서 이렇게 이불을 빠는 겁니다. 이제 해주신 말씀을 들으니, 첩이 비록 상천인常賤人이지만 감동이 됩니다" 하고는 눈물을 비 오듯 흘리면서 평생 수절했다.

단종을 향한 충절은 평범한 백성에서도 발견된다. 차성복이란 농부는 유배된 단종에게 날마다 음식을 진상하던 중 피살 소식을 듣고 염습 준비를 하다 잠들었다. 꿈에 단종이 나타나 그간의 노고를 치하하고는 "내 시신을 거둔 이가 따로 있으니 그만두어라"고 말해 장례 대신 3년상을 치른다. 그 이후 만사가 순조롭게 풀렸다는데, 조선 중기 명나라로부터 '동방문사'라 불리던 차천로가 그의 후손이다.

한편, 엄흥도가 잠적한 이후 초야에 묻혀 있던 단종의 묘는 60여 년 세월이 지난 중종 때에 발견되어 봉분이 꾸며지고, 또다시 180여 년이 흐른 숙종 때가 되어서야 복위되면서 '장릉'이라는 공식적인 묘호를 받아 오늘에 이르고 있다.《단종실록부록》에 따르면, 조선 후기 중신이었던 남구만은 수양대군의 쿠데타를 에둘러 비난하면서 단종 복위를 주청한다. "광묘世祖께서 정난靖難한 거사는 비록 선위를 받았다고는 하오나 실은 혁제革制였고, 처음에는 상왕端宗으로 삼았더라도 뒤에는 유종有終하지 못했으니, 오늘 우리 후사 왕들은 오직 마땅히 어버이를 위해 휘諱하고 임금을 위해 휘해야 할 뿐이며, 모든 후세 백성도 마땅히 나라를 위해 휘해야 할 것입니다."

단종의 비극은 '충효와 우애' '군사부일체'의 정신을 금과옥조로 알고 살아오던 많은 백성에게도 씻을 수 없는 한이 되었다. 영월, 정선, 태백, 삼척 등 강원도는 물론 충청도, 경상도 일원으로 폭넓게 퍼져나가 지금까지도 그를 기리는 온갖 풍속이 전해지고, 신령스러움·영험함을 담은 다양한 이야기가 내려온다. 단종의 묘택인 장릉은 영월지역에서는 신성한 구역이자 이곳을 들르는 사람들의 참배지로 자리매김했다. 일제 강점기 때 일본인들마저 장릉 쪽으로 걷거나 버스를 타고 갈 때는 모자를 벗었다가 능을 지나 다시 쓰는 등 예를 갖추었다고 하며, 지금도 이 지역 기관장들이 부임하면 이곳에 들러 신고하는 전통을 이어오고 있다.

앞서 소개한 설화에서 시사한 바와 같이 단종은 백마를 타고 태백산에 들어가 산신이 되었다는 믿음이 전해져 곳곳에는 단종을 추모하는 마을 단위의 산신당, 비각 등이 세워지고 제례풍속을 낳았다. 또한 한을 품고 죽어간 많은 역사적 인물들이 신으로 모셔지듯 단종도 죽어 서낭신이 되었다고 한다. 영월지역에는 단종의 발자취와 연관된 마을들을 중심으로 서낭제를 지내며, 마을의 안녕과 복을 기원하는 당집이 여러 개 있는데 여기에는 온갖 신비로운 이야기가 구전된다.

그 내용을 보면, 이곳 사람들에게 단종은 모든 생로병사와 길흉화복을 주재하는 수호신과 다를 바 없다. 단종을 기리는 당집을 받듦으로써 오래도록 갖지 못하던 자식이 생기고 지병을 고쳤으며 큰 재물도 모았다는 축복의 메시지가 있는가 하면, 당집을 훼손하고 그곳에 모셔진 신위를 소홀히 대해서 죽거나 망했다는 내용이 주류다. 물론 이중 상당수가 당집을 신성시하려는 무속인들에 의해 만들어진 내용이겠으나, 지역 어르신들 사이에는 "청령포 인근의 대왕각은 1957년 김이봉이라는 여인이 꿈에 친정아버지를 만나뵙고 지은 당집인데, 하루는 단종의 계시로 산삼 열두 뿌리를 캐어 가장 큰 것을 당시 부통령에게 보내 감사의 답신까지 받았다"는 증언처럼 사실인 양 들리는 이야기도 회자되고 있다.

단종이 비명에 간 지 550년이 지나도록 그의 영혼은 여전히 이곳 사람들의 가슴에 살아 숨 쉬고 있다. 그뿐이 아니다. 당시 주군을 모시던 궁녀

右 祖 碑 刻 落 花 巖 三 字 隣 忠
祠 在 其 前 三 十 餘 步 西 向 南 三
間 前 進 西 爲 從 人 位 東 爲 侍
女 位 西 庭 有 茶 物 庫 錦 江 亭
在 愍 忠 祠 下 十 許 步 東 向 三 間
前 退 距 府 治 二 里

• 《월중도》의 낙화암. 단종이 죽은 뒤, 그를 따르던 궁녀 등이 투신, 순절한 곳으로 알려져 있다.
그 수가 6명, 10명, 99명이라는 등 설이 분분하고, 단종의 시신 또한 이곳에서 동강으로 던져졌다
고 한다.

와 시종들이 높은 벼랑에서 몸을 날려 꽃잎처럼 사라졌다고 해서 이름 붙여진 동강 언저리의 '낙화암'도, 이제는 모든 것을 다 용서한 듯 유유히 흘러가는 푸른 물결에 평화로운 눈길을 보내고 있다.

5 그곳에 어머니의 고향이 있었네

강원도는 우리에게 익숙한 역사적 명류들을 키워낸 어머니들의 고향이다. 조선 성리학
의 두 거목으로 이른바 '퇴율退栗'이라 불리는 퇴계 이황과 율곡 이이, 그들의 어머니는
춘천과 강릉 출신이었다. 그들 스스로 "어머니는 내 일생에 진정한 스승이었다"고 고백
할 정도로, 어머니들 가르침은 두 성현의 인격 형성은 물론 학문과 벼슬길에 자양분 역
할을 했다. 한편, 조선시대에 가장 비정한 궁중사의 한 페이지를 장식했던 광해군, 영창
대군, 소현세자와 봉림대군孝宗, 그리고 대한제국 마지막 황태자 영친왕 역시 원주 일원
이 외향外鄕, 즉 외가 고을이었다.

왜 거기에서 왕비가 많이 태어났을까?

조선 명종 때, 유명한 예언가 격암 남사고는 원주 문막읍, 부론면, 지정면 일대를 가리켜 "왕기가 서려 있다"고 했지만 사람들은 터무니없는 헛소리로 치부했다. 아무리 그가 죽은 이후의 일인 임금의 모후 문정왕후 사망과 임진왜란 발발까지 정확히 예측할 정도로 영험했다고 해도, 도성에서 수백 리 길이나 되고 왕실과는 전혀 인연이 없을 듯한 강원도의 한구석에 왕기가 서려 있다고 했으니 그 누가 믿겠는가. 그러나 그의 예언은 사실로 밝혀졌다. 더구나 한 번에 그친 것이 아니라, 조선시대 동안 두 명의 왕비와 두 명의 유력한 후궁이 잇따라 배출되었고, 그녀들이 낳은 왕손들에 의해 우리 역사의 중요한 한 페이지가 장식되었다.

그 시작은 임진왜란을 거치면서 선조의 둘째 아들 광해군 혼琿이 우여곡절 끝에 세자에 책봉되면서 비롯되었다. 어머니는 원주 부론면 손곡리 태생인 공빈김해 김씨이었다. 왕실의 농장을 관리하는 관청인 사포서의 하급

직이었던 김희철의 딸로, 후궁이 된 후 임금의 총애를 받았지만 광해군이 세 살 때 출산 후유증으로 사망했다. 어머니를 일찍 여의었기 때문인지 광해군은 유년 시절 총명하기는 했지만 내성적이었다.

그즈음 적자가 없었던 선조는 아홉 명의 후궁에게서 얻은 아들 열세 명을 대상으로 후계자 자질 테스트를 실시하고 있었다. 하루는 광해군에게 "네게 부족한 것은 무엇이라 생각하느냐?"고 물었다. 이에 광해군은 "왕자의 몸으로 모자란 것이 있을 리 없으나, 다만 한 가지 모친을 일찍 여읜 것이 못내 가슴 아플 뿐입니다"라고 답했다. 어머니에 대한 갸륵한 효심을 보이면서 아버지 선조로 하여금 아끼던 여인을 그리워 하도록 자극한 것이다. 실제로 선조는 공빈이 살아 있는 동안에는 감히 다른 여인들이 끼어들지 못할 정도로 총애했으며, 공빈이 죽은 후에는 그녀에 대한 애절함과 미안함 때문인지 후궁들에게 쌀쌀맞게 대하곤 했다고 한다. 광해군이 세자로 책봉되는 데 적잖은 영향을 끼쳤을 것이라는 해석이 나오는 대목이다.

광해군이 세자로 있던 시절, 이 일대에서는 또 다른 왕기가 비친다. 지정면 출신의 연안 김씨 김제남연흥부원군의 딸이 19세 나이로 새 중전으로 간택되니, 바로 인목왕후다. 선조의 유일한 적자인 영창대군을 낳아 강력한 왕위 계승자로 부상시킨다. 치열한 권력 암투가 전개되는 상황에서 선조가 승하하자, 광해군이 천신만고 끝에 조선의 제15대 임금에 오르게 되고, 이때부터 참혹한 궁중사가 펼쳐진다. 결국 여덟 살에 불과한 영창대군이 유배지인 강화도에서 증살로 희생되고, 인목왕후도 서궁인 경운궁지금의 덕수궁에 유폐된다. 아버지 김제남과 두 남동생은 사약을 마시고 죽었으며 어머니와 조카들까지 제주도로 유배되는 등 친정 집안이 초토화되기에 이른 것이다.

조선시대 패관문학서 《대동야승》에 이때의 일화가 전해온다. 친정어머니 광산 노씨는 한때 임금의 장모로 세상의 부러움을 한 몸에 받던 여인이었으나, 제주도 유배 후에는 생계마저 막막했다. 손자들과 살아남기 위해 술찌꺼기를 걸러 장에 내다 팔았다. 후에 사람들이 대비의 모친이 광해군 시절 귀양지에서 빚은 술이라 해 '대비모주大妃母酒'라고 부르니

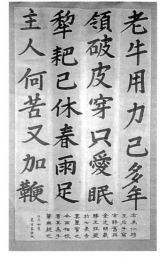

• 인목대비의 친필 족자. 경기 유형문화재 34호로 안성군 칠장사에 소장되어 있다. 비명에 간 친정아버지와 아들 영창을 그리며 쓴 칠언시다.

이것이 오늘날 전주지역 등에 널리 퍼진 모주母酒의 원조가 되었다는 이야기다.

한편 '왕기'는 계속되어, 광해군이 왕위에 등극한 지 2년 뒤 또 이곳 부론면 노림리 청주 한씨 가문에서도 영돈녕부사 한준겸의 넷째 딸이 선조의 손자인 능양군과 혼인해 네 명의 왕손을 두었다. 능양군과 그 추종 세력들이 광해군의 폭정 타도를 명분으로 인조반정을 일으켜 집권하면서 왕후의 자리에 올랐지만, 42세의 젊은 나이에 산욕열로 별세한다. 그녀는 온후함과 강인함을 겸비한 외유내강형의 여인이었다. 흉년을 맞아 백성 구휼에 힘쓰고 궁궐 호위 병사들까지 챙기는 자상함을 보였다. 《연려실기술》에 그녀의 성품을 보여주는 이야기가 기록되어 있다.

보향이라는 궁녀가 옛 임금 광해를 잊지 못해 때때로 슬피 우니, 다른 궁녀 하나가 이를 고자질했다. 왕후께서 "의리를 아는 사람이다"며 보향을 불러 이르기를 "국가의 흥망은 무상한 것이다. 임금께서 하늘의 힘으로 오늘 보위에 있으나, 훗날 광해처럼 될지 어찌 알겠느냐. 너의 마음이 이러하니 내 아들을 보육할 만하다"며 보모상궁에 명하고 후추 한 말을 내려주었다. 밀고한 궁녀에게는 종아리를 때리며 "오늘날 너의 행동을 보니 다른 날의 마음을 알겠다"고 꾸짖었다. 보향이 감격의 눈물을 흘렸다.

이러한 인자한 모습과는 달리, 인조반정 때는 스스로 거사 계획에 참여하고, 남편의 갑옷까지 입혀주며 독려하는 담대함도 있었다. 특히 자식들에게는 자애로우면서도 엄격해 "나라의 흥망은 덕의에 있고, 덕은 마음에 달려 있다"고 훈육하며, 늘 왕손으로서 신중한 처신을 당부했다. 이러한 점이 반영되었는지, 사후 시호도 '성품이 어질고 의리에 밝으며 당찬 기세와 공이 있다'는 의미로 '인열仁烈'이라 했다.

세월이 흘러 고종 때에 이르자, 이웃 마을인 문막 궁촌리에 살던 시골 선비 엄진삼의 장녀가 여덟 살부터 궁궐 생활을 하다가 중전의 시위상궁이 된다. 명성황후가 일본 낭인들에 의해 시해된 뒤 무기력증에 빠져 있던 고종의 곁을 지키던 중 44세에 우리 역사상 마지막 황태자인 영친왕을 낳고 황귀비에 오른다. 지략이 뛰어나고 활달한 여걸인 그녀는 기울어가는 국운을 회복하기 위해 교육 및 계몽활동에 열심이었다. 귀비의 내탕금과 친정 재산까지 털어가며 양정의숙 및 진명, 숙명 여학교 설립을 지원했

• 일본에 볼모로 가 있던 영친왕의 일시 귀국1918년을 기념해 찍었다는 황실 가족사진. 좌로부터 영친왕, 순종, 고종, 순종비, 덕혜옹주다.

• 영친왕의 생모 엄귀비. 명성황후가 시해된 후 사실상 궁궐의 안주인 역할을 한 탓인지 상당한 위엄이 배어나온다.

다. 뿐만 아니라, 구한말 일제가 유학을 빙자해 영친왕을 인질로 데려가는 원통한 일을 당하면서도 영친왕에게 "대한제국 황태자로서 긍지와 품위를 잃지 말라"며 의지를 곧추세워준 여인이었다.

그러나 일제 강점 다음해인 1911년 6월 "황태자 은을 못 보고 가는 게 한이다"는 말을 남기고는 덕수궁에서 장티푸스로 생을 마감한다. 향년 58세였다.

엄귀비를 제외한 공빈 김씨, 인목왕후, 인열왕후 세 사람은 거의 동시대에 살았던 인근 마을 출신들로서, 자식 또는 남편이 지존의 자리를 놓고 사생결단의 권력 투쟁을 벌였다. 여기서 두 가지 궁금증이 생긴다. 이즈음 그녀들의 친정 마을에서는 이웃집 외손들 간에 전개되는 비정하고도 참혹한 궁중사를 어떤 마음으로 바라보았을까? 또 사방 10리 안팎에 불과한 조그만 시골 마을에서 이처럼 여러 명의 왕비, 또는 왕손을 생산한 후궁이 나온 이유가 무엇일까?

부론면은 지정면·문막읍과 영동고속도로를 사이에 두고 나뉘어 있는데 서울에서 여주를 지나 강원도로 진입하면 처음 나오는 곳이다. 이처럼 도성과 비교적 근거리에 위치한 데다 남한강 줄기를 따라 강원, 충북, 경기 등 3도가 만나는 지점에 자리하고 있다. 특히 부론면 흥호리에는 배가 주요 운송수단이던 고려시대부터 전국 13대 조창 중 하나인 흥원창이 자리잡고 있었다. 국가가 징수한 세곡을 모아 서울의 경창으로 운송하기 위해 강변에 설치했던 창고인 조창은 추수철이 되면 쌀을 실어나르는 우마차들이 모여들고 주막거리에 사람들이 북적대는 경제와 언론의 중심지요, 교통의 요지였다. 사람들이 많이 모이다 보니 각지의 온갖 소식들이 날아들게

• 18세기 정수영이 그린 《한임강명승도권》 중 〈흥원창〉. 강원 남부지역의 세곡 수납과 경창으로의 운송을 위해 51척의 배가 드나드는 수운의 요충지였다.

되면서 자연스레 부론富論, 즉 '말이 풍성한 곳'이라는 지명을 얻었다.

이중환은 《택리지》에서 '주변 산협이 깊어 난리가 나면 피해 숨기 쉽고, 도성이 가까워 평시에는 나가 벼슬하기 좋아 한양 사대부들이 살기를 즐긴다'고 했다. 즉 장안의 행세깨나 하는 인사들이 별장이나 '세컨드 홈'을 두고 자주 왕래하면서 그 지역 사정을 알게 되었을 것이요, 이러한 연유로 때가 되면 왕비, 세자빈이나 후궁, 궁녀 후보감들이 여러 통로로 추천되는 데 유리했을 것으로 보인다.

한편, 풍수상으로는 '옥녀세발형玉女洗髮型', 즉 아름다운 여인이 머리를 감고 있는 듯한 지역이라는 평도 회자되고 있다. 하지만 이제는 "명당자리를 가로질러 고속도로가 놓이면서 마을이 일어서기 힘들어지고 물길까지 막혀 한때의 영화와는 달리 더 이상 큰 인물이 나오기 어렵다"는 푸념도 나오고 있다.

인목왕후와 인열왕후의 친정은 당시 원주 일대에서는 내로라하는 명문가였다. 인목왕후의 아버지인 김제남은 본관이 연안으로, 조선 초기 형제가 나란히 판서에 올랐던 김자지의 후손이며, 중종 때 영의정을 지낸 김전의 증손이다. 그러나 광해군 일파에 의해 외손자인 영창대군을 옹립하려한다는 역모죄로 사약을 받은 후 부관참시까지 되었다가 인조반정으로 관작이 복구되었다.

지정면에는 그의 신도비와 종택이 있는데, 주변 풍광이 뛰어나 송강 정철이 《관동별곡》에서 '한수를 돌아드니/ 섬강이 어디메뇨/ 치악이 여기로다'라고 읊었던 곳이다. 종택에는 일찍이 미국으로 유학을 떠나 30여 년간 현지 대학교수 생활을 하다가 돌아온 14대 종손이 미국인 부인과 함께 살고 있다. 종가의 사당은 조선시대 내내 후대 왕들이 각별한 관심을 표해, 과거 강원도 관찰사들이 오갈 때마다 들러 참배하곤 했다고 전해온다.

한편, 인열왕후의 아버지 한준겸은 선조의 고명顧命을 받았던 명신이었고 큰아버지는 조선 후기 역사지리서인 《동국지리지》를 저술한 실학자 한백겸이다. 조선시대에 3정승 6판서를 배출하는 등 대단한 명성을 떨친 가문이었다. 당시 부론면 노림 출신의 청주 한씨들은 불모지였던 기호지방 남인을 대표하는 세력으로 등장했다. 현재도 후손 30여 가구가 부론면 노림리에 여전히 집성촌을 이루고 있고, 여타 주민도 청주 한씨와 혼맥 등으로 얽혀 있다. '노림魯林'이라는 말은 중국 사신으로 갔던 한백겸이 노나라 느티나무를 가져와 집 주변에 심은 것이 무성한 숲을 이룬 데서 유래한다. 처음에는 숲말, 노습 등으로 불리다 현재의 이름으로 정착되었다고 한다. 나무는 지금도 마을 입구에 수호신처럼 버티고 있어 음력 11월 3일이면 주민이 이 느티나무를 기리는 제사를 지내고 있다.

한백겸과 그 조상의 묘는 대부분 경기도 여주 가마섬釜島에 있다. 내륙에 '섬'이라는 이름을 붙인 것은 이곳이 워낙 명당이어서 자칫 조정에서 알게 될 경우, 능 자리로 차출될 것을 우려해서 붙인 일종의 위장 명칭이었다. 섬에는 왕릉을 쓰지 않기 때문이었다. 왕실과 혼인을 맺어 그 일족이 된 가문조차 왕실의 눈을 속일 정도였으니, 그 시절 사대부들에게 조상의 묏자리는 거의 신앙처럼 여겨졌던 것 같다.

곡식을 심는 것보다 덕을 뿌리는 게 낫다

예부터 원주지역에서는 대표적인 4대 사대부 집안을 일컬어 '한·홍·정·정 韓·洪·丁·鄭'이라는 말이 내려오고 있었다. 이는 '노림 한씨, 단구 홍씨, 개치 정씨, 송호 정씨'를 줄여서 부르는 것으로 각 성씨와 지역 내 집성촌을 함께 붙여 지칭한 데서 유래한다. 청주 한씨는 부론면 노림리, 풍산 홍씨는 원주시 단구동, 나주 정씨는 부론면 개치리현재 법천리, 초계 정씨는 지정면 송호리현재 월송리에 그들의 조상이 대대로 터를 잡고 살았기 때문이다.

앞에서 설명한 노림 한씨와 어깨를 나란히 했던 단구 홍씨는 조선 시대에 이른바 '서지약봉, 홍지모당徐之藥峰, 洪之慕堂'이라는 말을 낳았는데, 풀이하자면 '달성대구 서씨 중에는 약봉 서성의 후손들이, 풍산 홍씨는 모당 홍이상의 후손들이 잘되었다'는 뜻이다. 약봉 서성은 조선 선조 때 8도 관찰사와 5조 판서를 두루 거친 이른바 '행정의 달인'이었는데, 그를 키운 어머니의 일화가 감동적이다.

• 18세기 김홍도가 그린 〈모당평생도〉의 일부. 돌잔치에서 회혼식까지 평생의 중요한 순간들을 8폭의 그림을 통해 사실적으로 묘사한 내용이다.

경북 안동 출신으로 장님이었던 어머니 고성 이씨는 결혼한 지 5년 만에 청상과부가 되었다. 고심 끝에 서울로 올라와 중림동 약현마을에 자리를 잡고 뛰어난 음식 솜씨로 아주 특별한 밥과 술, 과자를 만들어 팔아 자식을 뒷바라지했다. 여기서 약밥, 약주, 약과라는 말이 나왔다고 한다. 그녀의 자식 교육의 모토는 '착한 일을 하는 데는 게으르지 않아야 한다勿怠爲善'였고, 이 뜻은 후대로 계속 이어졌다고 전한다. 약봉의 후손 중에는 3대 정승과 3대 대제학이 배출되고, 아들 서경주는 선조의 맏딸 정신옹주와 혼인해 왕실의 맏사위가 되는 등 당대에 대단한 명성을 구가한다. 그의 직계 후손이 서청원 전 한나라당 대표다.

한편, 모당 홍이상은 선조 때 대과 장원급제 후 대사헌에 올랐던 중신이다. 아들 네 명이 잇따라 대과에 합격하고, 손자 홍주원은 선조의 유일한 공주이자 영창대군의 누나인 정명공주와 혼인해 영안위에 봉해진다. 사도 세자의 빈으로 정조의 어머니가 되는 혜경궁 홍씨도 홍이상의 6대 후손이다. 백사 이항복은 "예부터 이르기를 밭에 곡식을 심는 것보다 덕을 뿌리는 것이 더 낫다古云 樹田不如種德"면서, 모당 홍이상의 집안이 잘된 것은 대대로 덕을 쌓았기 때문이라고 평가했다.

구한말 이인직이 쓴 신소설 《치악산》도 이 집안을 배경으로 했는데, 소설에 나오는 홍 판서 댁과 월은정의 흔적들이 원주시 단구동 일원에 남아 있다. 세월의 모진 풍상과 도시개발 등의 여파로 워낙 볼품이 없어져 지금은 그저 한때의 영화를 어렴풋이 가늠하게 할 뿐이다. 고래 등 같던 대갓집은 현재 후손에 의해 일반 가정집 형태로 유지되고 있다. 또한 월은정은 홍 판서가 낙향 후 집 근처에 있는 단구천변에서 총애하던 기생 월은과 함께 풍류를 즐기던 정자였는데, 가족은 이것이 못마땅했는지 홍 판서가 죽은 후 정자를 헐어다가 본가 행랑채를 지어 정자의 자취가 사라졌다. 현재 그 자리에는 '월운정'이라 쓰인 표지석만이 덩그러니 서 있다.

여기에 나오는 홍 판서는 조선 정조 때 예조판서를 지내고 낙향했던 홍중효를 말하는데 그의 아들 수보정약용의 처삼촌, 손자 의호까지 3대가 내리 대과에 급제한 후 예조판서를 지내자 세간에서는 '3대째 연달아 예조판서를 배출한 집안三世連入禮判家'이라 불렀다.

조선시대 강원도에는 이른바 99칸짜리 대갓집이 여럿 있었다. 전국에서 원형이 가장 잘 간직된 것으로 알려진 강릉의 선교장과 더불어 원주에는 앞서 언급한 김제남 부원군, 인열왕후의 백부 한백겸, 그리고 홍 판서의 댁

• 옥당의 현판. 홍문관의 별칭으로, 조선시대 학술과 언론을 담당하던 주요기관이다. 당대 관리들이 가장 몸담고 싶어했던 청요직 중 대표격이다.

이 그러했다. 그러나 6.25 전쟁 등 역사의 풍랑과 도시개발로 대부분 소실되거나 훼손되었으며 현재는 단구동 홍 판서 댁만이 일부 남아 명맥을 유지하고 있을 따름이다.

개치 정씨는 조선의 대학자 정약용의 조상인 나주 정씨들이 원주지역에 대대로 살던 당시의 집안을 일컫는 말이다. 1940년 판《강원도지》를 살피면 개치 정씨는 26명이 대과에 급제해 조정에 출사했는데, 이중 아홉 명이 줄줄이 청요직淸要職이었던 옥당홍문관으로 진출해 '옥당 9인'이라는 말과 함께 정조로부터 "옥당은 정씨 가문의 것"이라는 찬사를 듣기에 이른다. 옥당玉堂이란 이름 그대로 '구슬같이 맑은 사람들이 모인 곳'으로 당시 정승, 판서에 오르려면 이곳을 거치는 것이 정해진 수순이었으며, 후손들도 "홍문관 교리 지낸 조상, 영의정 두 번 한 조상 안 부럽다"고 할 정도였다. 이처럼 대단한 문벌에다 학구적 분위기가 충만한 가풍이 위대한 실학자 정약용을 낳은 것은 어쩌면 당연한 귀결인지 모른다.

이렇게 원주지역에 터를 잡고 살던 나주 정씨를 일컫는 개치 정씨들의 본류는, 강원도 관찰사를 지낸 정호선 등이 선조 무렵 경기도 일원으로 세 거지를 옮겨가고 지금의 용인 에버랜드 인근 가마실 마을에 종중묘가 자리 잡게 됨으로써 지금은 '가마실 정씨'로도 불리고 있다. 이러한 내력으로 정약용은 훗날 원주 출신으로 승지 및 4도 절도사를 지낸 홍화보풍산 홍씨의 외동딸과 혼인했으며, 부론면에 있던 조상의 묘소, 서원 등에 들르기 위해 원주지역을 자주 찾았다고 한다. 당시 부론면 도동서원에서 자신의 선대先代이자 저명한 재야 학자였던 우담 정시한을 배향配享하고 그를 회상하던 시문이 전해온다.

조정에서 당파싸움 일삼을 때 산림에 으뜸 되는 인물이셨네
세상의 영욕은 잊으시고 오로지 인간의 윤리를 중시하셨으며
오활迂闊한 선비에게 경계하시고 경지 높아 세속의 비난 면하셨지
내 여생 본보기 여기 이미 있으니 뉘라서 길 어둡다 한탄만 하리오

끝으로, 송호 정씨는 조선시대 강원도 청백리의 표상이었던 항재 정종영 가문을 지칭하는데, 사극 〈여인천하〉 등을 통해 잘 알려진 정난정도 이 가문 출신이다. 정종영과 정난정, 두 사람은 조카와 서庶고모 사이로 같은 시대를 살면서 조선 역사에서 진기록을 세운 인물들이다.

우선 정종영은 중종·인종·명종·선조 등 4대에 걸쳐 무려 50여 년간 강원·평안·전라·경상 등 4도 관찰사와 6조 판서의 고위 관직을 두루 역임하면서도 조정으로부터 당시 최고의 영예인 청백리에 뽑혔다. 조선 왕조를

• 16세기에 그려진 〈기영회도〉. 노수신·정종영 등 당시 2품 이상의 벼슬을 지내고 70세를 넘긴 원로 사대부들의 모임 장면이다.

통틀어 6조 판서를 모두 거친 인물은 29명이고, 거기에 청백리에까지 오른 경우는 황희, 김상헌, 오상, 이세화, 정종영 등 다섯 명에 불과했으니, 줄잡아 100년에 한 번 나올까 말까 한 일이다.

정종영이 늙어 원주로 낙향한 뒤 77세를 일기로 사망하자 선조는 슬픔에 겨워 이틀이나 조회를 열지 않았고, 정종영에게 불천위를 내렸다. 보통은 '4대 봉사'라고 해서 후손들이 4대 선조까지만 제사를 받드는 데 비해,

불천위가 내려지는 경우는 자손 대대로 영원히 사당에 모시는 것이 허락된다.

청렴과 결백의 상징이던 그에게도 조정 출사 중 위기는 있었다. 명종의 어머니 문정왕후가 수렴청정할 당시 왕후의 친동생이자 조정의 실세였던 영의정 윤원형 정난정의 남편으로부터 자기 세력에 참여할 것을 제안받았으나 이를 단호히 거절한다. 윤원형이 그에게는 고모부 격이었으나, 외척의 부당한 권력에 거부감이 컸던 모양이다. 이 때문에 제거될 상황에 처하기도 했는데, 난정의 모친이 나서 "우리 종손을 해친다면 내가 먼저 죽겠다"고 막아선 덕분에 살아남았다.

한편, 정난정은 군부 요직이던 부총관 정윤겸 정종영의 조부과 관비 출신 어머니 사이에서 태어났다. 대다수 서얼들이 그랬듯이 아버지를 온전히 아버지라고 부르지 못하는 굴곡진 삶을 살았으나, 신분의 굴레 등 온갖 사회적 장벽을 뚫고 결국 정경부인에 올랐던 조선 역사상 전무후무한 입지전적인 여인이다. 사극 등을 통해 '권력을 농단한 천하의 요부'로 낙인찍혔지만, 불교를 중흥시켰으며, 서얼의 과거 응시를 허용하는 '서얼허통법'을 만들도록 하는 등 당시로서는 가히 혁명적 개혁을 추진했다는 평도 있다.

송호 정씨는 초계 정씨 관동파로 조선 초 여주에서 원주로 옮겨 자리를 잡았는데, 정종영의 조정 출사를 기점으로 누대에 걸쳐 대과에 급제하는 등 지역에서 명문가로서 명성을 쌓았다. 지금도 원주와 횡성 일대에 정종영과 정난정의 후손들이 집성촌을 이루어 살고 있다.

아들아, 2품 이상의 벼슬은 하지 말아라

율곡과 신사임당, 오죽헌 등을 강릉지역과 연관지어 생각하는 것은 지극히 상식적이다. 그런데 잘 알려지지는 않았지만 강원도에는 또 한 명의 훌륭한 어머니가 있었다. 바로 퇴계 이황의 어머니 춘천 박씨다. 당시 대다수 여인들이 그렇듯 별도의 당호나 이름은 없다. 가족을 위해서는 온갖 희생을 감수하면서도 좀처럼 자신의 존재를 드러내지 않는 전통적 모습의 어머니로서, 퇴계에게 삶의 방향을 오롯이 제시해준 진정한 스승이었다. 다만 신사임당이나 허난설헌처럼 개인적 재능을 드러낼 이렇다 할 기회가 없었을 뿐이다.

퇴계의 외가가 있던 춘천에는 그와 관련된 이야기가 적지 않게 숨겨져 있다. 춘천을 본관으로 하는 유일한 성씨인 춘천 박씨는 중시조인 고려 공신 박항이 충렬왕을 모시고 중국을 다녀온 후 춘성부원군에 봉해진 것을 계기로 대대로 춘천에 살게 되었다. 2000년 현재 인구는 1만 7,000명에 달한다.

　가풍은 충효와 절개, 절제 등으로 요약된다. 박항은 "충신은 두 임금을 섬기지 않고 신하는 주군을 범하지 말아야 하며, 귀한 인물을 배출하는 것보다는 자손을 번창시키는 데 힘써라"는 유훈을 남겼다. 이 영향으로 역성혁명을 통해 조선 왕조가 들어선 뒤에는 후손들이 과거장에 나가는 것을 꺼리게 되면서 고려 때와 달리 세상에 드러난 특출한 인물이 드물다. 또한 박항의 아들 박원비도 춘천시 신북면 유포리에 있는 아버지의 묏자리를 잡을 때 지관이 '백대 후손을 이어갈 땅百代天孫之地'과 '3대에 걸쳐 정승이 날 땅三代政丞之地' 중에 선택하라고 하자, 아버지의 뜻을 받들어 전자를 택했다고 한다. 《고려사절요》에 박항의 충효를 보여주는 일화가 전해진다.

> 고려 고종 시절 춘천 일대가 몽고 침략군에게 점령되자, 백성은 봉의산성에서 항전했으나 세에 밀려 결국 몰살당했다. 개경에서 이러한 소식을 듣게 된 박항이 급히 귀향해 부모의 시신을 찾았으나 뜻을 이루지 못했다. 도처에 나돌던 시신 300여 구를 모두 거두어 장사 지내고는 어머니가 북경으로 끌려갔다는 풍문을 접하고 달려갔으나 끝내 찾지 못했다. 이 이야기가 널리 알려지자 너도나도 그의 효심을 앞다투어 칭송했다.

　이처럼 외양보다는 내실을, 사사로운 영달보다는 충절과 효성을 중시했던 가풍은 퇴계의 어머니가 출가해 자식들을 키우는 과정에서 그대로 투영되었다. 당시 정7품 무반직으로 있던 박치의 3남 2녀 중 장녀로 태어난 그녀는 안동에서 처와 사별하고 홀로 살고 있던 이식진성 이씨의 계실로 들어가서 퇴계를 비롯해 네 아들을 낳았다. 이식은 소과에 합격한 진사로 글 읽기를 좋아하는 시골 선비였으며 집안은 한미한 편이었는데, 퇴계가 출생한 지 7개월 만에 마흔의 나이로 사망했다.

당시 서른두 살이던 춘천 박씨는 퇴계의 이복 맏형만이 막 장가간 상태에서 전처의 자식들을 포함, 어린아이 일곱 명의 양육과 생계를 홀로 책임져야 하는 힘겨운 상황이 되었다. 그러나 이때부터 그녀는 한국 어머니들에게 잠재된 특유의 억척같은 생활력을 본격적으로 발휘하게 된다. 자식은 많은데 졸지에 청상과부가 되자, 장차 집안을 유지하지 못할 것을 우려해 양반집 안주인이라는 체면도 벗어던진 채 농사와 양잠, 물레질 등도 마다하지 않고 살림을 일구는 데 온 힘을 다한다.

그 결과, 온전한 가장이 있는 집들조차 혹심한 세금에 살림살이가 힘든 지경에서도 홀몸으로 가계를 굳건히 지탱해나갔다. 특히 곤궁한 가운데서도 좋은 스승을 수소문해 찾아나서는 등 자식들 학업에는 남다른 열정을 보였다. 전처 자식들도 친자식과 똑같이 거두면서 이들이 학문에 정진하는 것만큼이나 반듯한 행실을 갖추도록 늘 훈계해 당시 안동 일대에서 "춘천댁은 온 동네가 알아주는 현숙한 부인이요, 어진 어머니"라는 평판을 들었다고 전한다.

그녀는 여느 여인들과 마찬가지로 글을 깨치지는 못했으나, 인간의 도리와 시대의 흐름을 읽는 혜안만큼은 탁월했다. 자식들에게 학문을 출세의 수단이 아닌 수양의 기회로 삼도록 독려했으며, 특히 퇴계에게는 "심성이 착하고 물욕이 없어 높은 자리를 즐기는 성품이 못되는 만큼, 작은 고을

• 정선의 〈계상정거도〉. 1,000원권 지폐 뒷면의 그림이다. 앞뒤가 강과 산으로 둘러쳐진 암자에서 홀로 독서삼매경에 빠져 있는 퇴계의 모습이 보인다.

현감 정도면 족할 것이다. 2품 이상의 벼슬에 오르는 것은 삼가라"고 늘 일 깨웠다. 이는 특별히 영민한 막내아들이 자칫 당쟁에 휘말려 귀양 가게 될 것을 우려했기 때문이기도 했다.

이 때문인지 퇴계는 관직에 발을 들여놓은 이래, 임금으로부터 총 140 여 직종이 내려졌으나 80여 차례 사양하고, 평생 벼슬보다는 학문과 사색 에 심취하는 것을 즐기게 된다. 그의 호 퇴계退溪도 46세 때 고향에 머무르 며 지은 양진암 앞 냇가 '토계'에서 따온 것이다. 벼슬길에서 물러나 물욕 을 버리고 자연을 벗 삼아 지내고 싶어했던 그의 소망을 담고 있는 듯하다.

임금께서 독서당에 어주를 내리시고, '초현부지탄招賢不至嘆, 어진 이를 불러도 오지 않음을 탄식함'으로 어제를 내어 율시를 짓게 하면서 "이는 이황을 가리키는 것"이라는 주를 달았다. 그는 성품이 순수하고 학식이 뛰어났다. 소싯적부터 선현의 위기지학爲己之學, 나 자신을 위한 배움을 마음으로 힘써 실천하고 행실을 바르게 했다.

-《명종실록》

이황을 우찬성에 특별 승진시키고, 유지를 내려 빨리 오도록 재촉했으나, 이황은 사직상소를 올려 "신은 원래 지극히 어리석고 자질 또한 보잘것없는 데다 오랜 지병까지 있어 적임이 아니옵니다"라며 거두어주길 청했다. 임금께서는 허락지 아니하고 가마와 말을 내어 데려오도록 했다. 그러나 이황은 또다시 청원서를 올려 굳이 사양했다.

-《선조실록》

퇴계의 가풍은 그 후로도 한결같아, 후손들까지 춘천 박씨의 유훈인 행의行義, 절제, 겸양, 내실, 우애 등의 덕목을 중히 여기고 학문을 사랑하는 것으로 이어졌다. 이 때문에 퇴계 가문에서는 개인의 학문적 실적을 결산하는 의미를 담은 유고, 유집을 남긴 이가 100여 명이나 나온다. 당시 굴지의 한양 명문들조차 그 절반에도 미치지 못한 것과 비교해보면 대단한 일이었다. 또한 국권 피탈 이래 후손들 가운데 37명이 자결하거나 고문을 당하며 조국 독립에 몸을 바쳤다고 하니, 재삼 가문교육의 중요성이 무겁게 느껴진다.

• 퇴계의 14세손 이명우 부부가 1920년 고종의 상례가 끝난 직후 자결하면서 국권 피탈의 비통함을 절규하듯 써내려간 유서다.

    퇴계는 춘천 박씨가 68세를 일기로 별세하자, "내 일생에 어머니로부터 영향을 가장 많이 받았다"고 고백하면서, 자신이 직접 쓴 〈증정부인 박씨 묘갈지〉를 통해 어머니에 대한 절절한 애모의 정과 함께 소회를 밝히고 있다. 우선, '어머니께서는 아랫사람을 대할 때 엄하면서도 자애로웠으며, 노비들을 거느리는 데는 스스로 의롭도록 했다. 생활은 주로 길쌈을 해서 꾸려나가셨는데, 밤새도록 해도 게을리한 적이 없었다'며 매우 인자하고 근면한 성품이었음을 시사하고 있다.

    한편 박씨는 자식들에게 무릇 학문에만 힘쓸 것이 아니라, 바른 몸가짐과 행실을 주문했음을 강조했다. 특히, "너희들이 행동거지를 반듯하게 못한다면 필경 세상 사람들은 과부의 자식이라 제대로 가르치지 못한 때문이라 욕할 것이다. 사정이 이러할진대 남보다 백배 더 공부하지 않는다면 어찌 그런 조롱을 면할 수 있겠느냐?"는 대목에서는 비교적 이른 나이에 홀로된 여인의 비장함까지 엿보인다.

이처럼 엄격하면서도 따뜻한 마음을 갖도록 훈육해온 어머니 춘천 박씨의 가르침은 퇴계의 심성에 큰 영향을 미친 듯하다. 엄격한 윤리강상綱常 을 금과옥조로 하는 대성리학자이면서도, 때로는 넉넉한 풍류를 즐겼으며, 융통성 없는 규율에 얽매이기보다는 사람을 진정으로 배려했다. 퇴계의 상반되어 보이는 모습과 품성을 일러 일부 세인들은 '낮퇴계 밤퇴계'라는 다소 야릇한 표현을 써가며 우스갯소리를 했다. 그러나 이는 "퇴계를 모르는 사람은 없지만 아는 사람도 없다"는 말처럼 그의 내면을 제대로 이해하지 못한 데서 비롯된 것이다.

첫 부인 허씨에 이어 두 번째 부인으로 들어온 권씨와도 사별한 뒤, 단양군수로 있던 48세 때 자신을 따르는 18세의 관기 두향과 시문을 나누는가 하면, 이별할 때 그녀로부터 받은 백매화를 평생 정성껏 기른 러브스토리도 있었다. 특히 며느리의 재가를 이끌어준 일화를 접하면, 그가 추구한 참된 진리와 인간에 대한 진정한 사랑이 무엇인가를 생각하게 된다.

퇴계의 맏아들은 자식을 두지 못한 채 요절했다. 맏며느리는 9대 독자의 딸이었다. 퇴계는 아들을 잃은 슬픔 못지않게 청상과부가 된 며느리에 대한 안타까움도 컸다. 어느 날 며느리를 불러 "너는 지금 정절에 흠이 갈 것을 걱정하고 있을 것이나, 나는 네 가문이 절손絶孫되는 것을 두고 볼 수가 없다. 친정으로 돌아가 부모님 말씀에 따르되, 돌아오지 말라"고 당부한다. 오랜 세월이 지나 퇴계가 단성 땅 어느 양반 댁에 잠시 머물던 중 그곳에 며느리가 재가해 살고 있음을 알게 되자, 그 집에 들른 것을 크게 후회했다고 한다.

• 19세기의 〈매화초옥도〉. 매화의 꽃말은 '고결·정절·인내'와 함께 '나를 잊지 말라'는 의미도 담고 있다. 퇴계를 향한 두향의 애절한 마음이 꽃 송이 송이마다 담겨 있는 듯하다.

이는 조선시대 각종 설화를 모아놓은 《동패락송》에 나오는 이야기인데, 저자는 퇴계의 두 아들_{이준, 이채} 중 어려서 죽은 이채를 맏아들로 잘못 적어 놓았다. 아무튼 시아버지인 퇴계가 자식도 없이 홀로된 며느리를 몸소 개가하게 만든 것은 오늘날의 기준과 정서에 비추어보아도 파격적인 일이었다. 성리학이라고 하면 무조건 고루하고 보수적이고 가부장적이라는 선입견을 바꿀 수 있는 좋은 사례가 아닐까 싶다.

퇴계는 어린 시절 어머니를 따라 몇 차례 춘천 외가에서 머물다 갔으며, 명종 때는 강원도 흉작 상황 등을 살피러 민정시찰을 왔다가 청평사에 들러 말년에는 이곳에 은거하고 싶다는 심경을 밝히기도 했다. 퇴계가 읊은 다음 시문을 보면 어머니의 고향 춘천에 대한 애정이 뚝뚝 묻어난다.

오늘 아침 눈 활짝 뜨여 춘주로 들어오니 今朝豁眼入春州
흰 비단 풀어놓은 외길 눈앞에 비껴 있네 素練一道橫抎前
옛 정원에 손수 매화 심던 그날 故園當日手種梅
산과 골짜기 그전에는 정겨웠지 丘壑從前有好懷
한번 벼슬길 나가 평생을 그르치니 一行作吏誤平生
청혜 신고 아름다운 계곡이끼 밟지 못했네 青鞋不踏耶溪苔
일찍이 마음 비워 춘주에 살면서 曾從物外爛占春
아득히 속세를 바라본다 뜬 먼지처럼 杳視塵埃如浮埃

당시 퇴계 외가가 위치한 곳은 지금의 춘천시 퇴계동에 소재한 한주아파트, 금호타운 일원으로 알려져 있는데, 오늘날에도 상당수의 춘천 박씨 후손들이 살고 있다. 근처에 있는 공지천은 많은 사람이 젊은 시절 한두 번쯤 다녀온 적이 있는 춘천의 명소로, 이곳에 퇴계와 관련된 여러 전설들이 전해온다.

퇴계가 여덟 살 때였다고 한다. 당시 외가에서 머무르다가 하루는 무슨 생각이 들었는지 하인을 부르더니 집 뒤편에 쌓아둔 짚단과 작두, 삼태기를 가져다 달라고 했다. 그리고 작두로 짚단을 잘게 썰더니 삼태기에 담아 공지천으로 가지고 갔다. 물가에 주저앉아 흘러가는 물을 하염없이 바라보다가 갑자기 잘게 썬 볏짚을 한 움큼 집어 물 위에 뿌리는 것이었다. 그러고는 따라온 하인에게 "저기 좀 보라"고 하는 순간, 물 위에 떠 있던 볏짚들이 일제히 물고기로 변해 사방으로 흩어져버렸다. 이 물고기가 속이 들여다보일 정도로 투명하고 기름지다고 해서 '공지어空脂魚'라고 했다는 내용이다. 한편 퇴계가 '해동의 공자'로 불리는 것과 맞물려 이를 '공자님이 내린 고기'라는 뜻으로 공지어孔之魚라고 하고, 그 냇가 이름 또한 자연스레 공지천孔之川이 되었다는 해석도 있다.

공지어의 실체에 대해서는 논란이 있다. 주로 임진강 상류에 살며 강원도에서는 희귀종으로 실학자 서유구의 《난호어목지》에 나오는 '두우쟁이'를 지칭하는 것이라고 한다. 잉엇과에 속하는 육식성 물고기로, 조선 중기 문신인 미수 허목이 즐겨 낚았다고 해서 '미수개미'라고도 하는데 모래무지와 유사한 모습이다. 일각에서는 소양강에 많이 서식하는 빙어를 가리킨다고 주장한다.

퇴계는 사후에도 춘천지역에 큰 영향을 미쳤다. 1610년 지중추부사 신식이 춘천을 방문한 자리에서 이 지역 유생들이 "춘천은 퇴계 선생의 외가 고을인 만큼 그를 기리고 학문을 진작시킬 서원 건립이 필요하다"고 건의 했다. 부사 신식이 이에 동의함에 따라, 지금의 한강수력발전처 자리인 춘천시 신북읍 일원에 문암서원이 세워졌는데, 왕이 편액과 함께 토지, 서적, 노비 등을 내린 사액서원이었다. 1871년 홍선대원군 시절 서원철폐령이 나오기 전까지 260여 년간 이황 등 선현들의 유지를 받들고 신주를 모시는 공간으로 기능했다. 또한 학문연구와 교육의 산실이 되었으며, 이 지역의 정신적 구심점 역할도 했다.

예부터 춘천시 서면 지역의 일명 '박사마을'에 유난히 문리에 밝은 선비들이 많고 공부에 대한 열정이 강했던 것도 문암서원이 가까이 있었기 때문일 것이다. 이처럼 충만한 면학 분위기가 이 일대에 널리 퍼짐으로써 오늘날 주민 수 4,600여 명에 불과한 지역에서 한승수 전 총리 부부를 비롯, 총 120여 명에 달하는 박사가 배출된 것이 아닐까?

내 죽더라도 새장가는 들지 마소

현재 국내에 유통 중인 화폐의 초상 인물은 충무공 이순신100원 주화, 퇴계 이황1,000원권, 율곡 이이5,000원권, 세종대왕1만 원권, 신사임당5만 원권 등 총 다섯 명이다. 공교롭게도 모두 이씨이거나 이씨와 관련이 있다. 특히 이중 율곡과 사임당, 이순신은 덕수 이씨 집안사람들이다. 또, 앞서 언급한 퇴계와 율곡, 사임당 등 세 명의 외가가 강원도에 있었다는 사실도 이채롭다. 여기서는 누구나 익히 알고 있는 조선시대의 대학자 이율곡과 현모양처의 표상으로 일컬어지는 그의 어머니 신사임당에 대해 다소 생소한 이야기를 살펴보고자 한다.

사임당의 본명을 아는 이는 극히 드문데, 이름은 신인선이고 본관은 평산이다. 귀에 익숙한 사임당師任堂이란 당호는 중국 주나라 문왕의 어머니 태임太任을 본받겠다는 의미에서 스스로 붙인 것이라 한다. 문왕은 고대 중국 제왕들 가운데 대표적인 성군으로 꼽힌다. 우리에게는 낚시꾼 강태공으로 잘 알려진 여상을 자신의 스승이자 책사로 삼아 천하 제패의 기초를 닦았던 인물이다.

한편, 태임은 동양 최초로 태교를 한 여인으로 알려져 있는데, 문왕을 임신했을 당시 그녀가 지켰다는 태교 수칙이 오늘날에도 인구에 회자되고 있다.

> 눈으로 사악한 빛을 보지 않고
> 귀로 음란한 소리를 듣지 않으며
> 입으로는 오만한 말을 하지 않는다
> 서 있을 때는 발을 헛딛지 않고
> 다닐 때는 걸음을 천천히 하며
> 자리가 바르지 않으면 앉지 않고
> 고기도 바르게 썬 것 아니면 먹지 않고
> 밤이면 소경으로 하여금 글을 읽고 시를 외게 해
> 마음을 평화롭게 한다.

사임당은 외가인 강릉 북평촌 오죽헌에서 아버지 신명화와 어머니 용인 이씨의 무남 5녀 중 둘째 딸로 태어나 줄곧 그곳에서 자랐다. 19세 때 강릉 찰방으로 있던 이원수와 결혼했다. 찰방이란 조선시대 역참을 관리하던 종6품의 관직이다. 그녀가 태어난 오죽헌은 외가 쪽 4대조인 이조참판 최치운이 지어 살다가 아들 대사헌 최응현이 물려받았고, 다시 둘째 사위 이사온을 거쳐 무남독녀 용인 이씨에게로 상속되었다. 용인 이씨는 둘째 딸

• 〈이씨분재기〉강릉 오죽헌 시립박물관 소장. 신사임당의 어머니 용인 이씨가 다섯 딸들에게 재산을 분배해준 기록문이다. 율곡의 아명인 '현룡'이라는 이름도 보인다.

의 아들 율곡에게 외가의 제사를 받드는 조건으로 서울 수진방지금의 종로구 수송동. 청진동 일대에 있던 기와집 한 채와 전답을, 넷째 딸의 아들 권처균에게

❦ 사임당 가계계승 약도 ❦

최치운 ┬ 강릉 함씨

　　최응현 ┬ 영양 남씨

이사온(둘째 사위) ┬ 강릉 최씨

신명화(외 사위) ┬ 용인 이씨

이원수(둘째 사위) ┬ 신인선(사임당)

　　율곡 등 4남 3녀

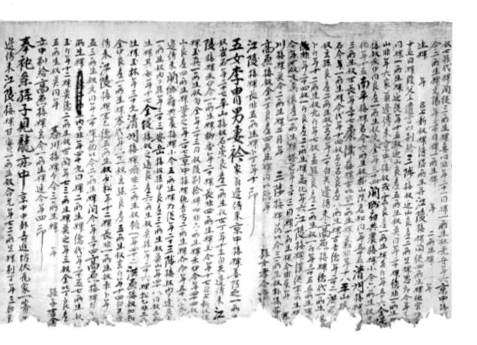

는 묘소를 보살피라는 당부와 함께 오죽헌 기와집과 전답을 각각 주었다.
권처균이 집 주위에 검은 대나무가 무성한 것을 보고 자신의 호를 오죽헌
이라고 붙임으로써 이 집의 이름이 유래하게 된 것이다.

사임당의 친정은 공교롭게도 3대째 딸만 태어나 대대로 딸들 중 한 명이
'아들잡이'가 되어 남편과 함께 강릉에 살면서 가계를 이어가는 내력이 있
었다. 신명화가 이원수를 사윗감으로 고를 때도 "내 딸 중에 인선이만큼은
강릉에서 살게 하고 싶다. 나도 주로 한양에서 혼자 살았다"면서 사임당이
강릉에서 생활할 수 있도록 해줄 것을 사위에게 다짐받았다고 한다.

아버지 신명화는 주로 한양에서 생활해 사임당과 자주 만나지 못했다.
대신 어려서부터 사임당의 다재다능함을 발견한 외할아버지 이사온과 어

머니의 적극적인 후원에 힘입어 문학, 예술 등 분야별로 사내아이 못지않은 집중 교육을 받고 자랄 수 있었다. 특히 사임당은 그림 솜씨가 매우 뛰어나 훗날 숙종도 그녀의 〈초충도첩草蟲圖牒〉을 보고 "풀이랑 벌레랑 어쩜 이리 실물과 똑같은고. 여인의 솜씨라는 게 믿기지 않는구나"라고 탄복했을 정도였다. 그 외에도 사임당의 그림과 재치 등에 대한 갖가지 일화가 전해온다.

문인 송상기의 한 일가가 여름 볕에 사임당의 그림을 말리려 내놓았다가 닭이 그림 속 벌레가 진짜인 줄 알고 쪼아버렸다.

한 부인이 잔칫집에 비단옷을 빌려 입고 갔다가 실수로 국을 비단옷에 쏟아 걱정하자, 사임당은 국물로 얼룩진 자리에 포도 넝쿨을 그려 시장에 내다 팔아 그 돈으로 새 비단옷을 사도록 하는 기지를 발휘했다.

남편 이원수가 자신의 집을 찾아온 친구들에게 아내의 그림 솜씨를 자랑하다가 그것을 직접 보여달라는 재촉을 받았다. 사임당은 종이에 그리면 그림을 모두 달라고 할 것을 눈치 채고 앞에 있던 놋그릇에 포도를 그려보이자 모두들 입을 다물지 못했다.

수년 전 사임당이 5만 원권 화폐의 인물로 선정될 당시 언론 및 관련 단체들로부터 인물 선정의 적정성과 아울러 사임당의 '현모양처', 특히 양처라고 할 수 있는지에 대해 논란이 있었다. 이러한 시비는 시댁 및 남편과의 관계에서 몇 가지 특이한 기록과 사실들이 전해오는 데서 비롯된다.

우선 시어머니 홍씨가 남편과 사별한 채 한양에서 떡 장사를 하면서 홀로 생활하고 있었는데, 사임당은 출가 후에도 강릉·평창 등지에서 살았다. 시댁으로 가서 온전히 살림을 주관한 것은 서른여덟 살 때다.

또 남편 이원수와 있었던 일에 대해서도 자주 거론된다. 그는 홀어머니 밑에서 외아들로 자랐는데, 술과 사람을 좋아하고 호방한 성격이었지만 재능과 학문적 역량에서는 사임당에 미치지 못하는 인물이었던 것 같다. 운이 닿지 않았는지 조선의 사대부들을 평가하는 중요한 기준의 하나였던 대과에 급제하지 못했고 벼슬도 찰방, 사헌부 감찰, 수운판관 등 중·하급에 해당하는 5~6품 정도에 머물렀다.

결혼 초, 사임당은 책을 멀리하는 이원수를 새벽마다 깨워 함께 공부하기도 했다. 상황이 크게 나아지지 않자 결국 "한양으로 올라가 향후 10년간 서신 연락도 하지 말고 서로의 소임에 정진하자"고 다짐받기에 이른다. 그러나 이원수가 대관령을 넘기도 전에 세 번씩이나 되돌아오는 나약한 모습을 보이자, 급기야는 바느질 가위를 꺼내 들고는 "머리를 잘라 여승이 되든지 죽어버리는 게 낫겠다"며 결연한 의지를 보여 뜻을 관철시키기도 했다고 한다.

또한 명종 때에 남편이 벼슬자리를 얻어볼 심산으로 당시 우의정이던 당숙 이기의 주변을 맴돌았는데, 이기는 문정왕후의 남동생으로 외척 실세였던 윤원형과 함께 을사사화를 일으킨 장본인이었다. 이에 사임당은 "어진 이들을 해치는 사람의 앞길은 오래갈 수 없다"며 발길을 끊게 함으로써 뒷날 이기의 추종세력들이 대거 숙청되었을 때, 그 참화를 피해가도록 하는 혜안도 갖고 있었다.

특히 조선 후기 예학의 대가인 정래주가 지은 《동계만록》에는 이원수 부부의 내밀한 긴장관계, 학문적 역량의 차이 등을 상징적으로 나타내는 대화가 있다.

사임당: 내가 나중에 죽더라도 새장가는 들지 말아요. 이미 7남매나 두었으니 더 이상 바랄 게 없잖아요? 《예기》의 교훈을 어기면 안 됩니다.

이원수: 그렇다면 공자가 아내를 내보낸 것은 어떤 예법에 따랐다고 설명할 것이오?

사임당: 공자가 난리를 만나 제나라로 피난 갔을 때 부인이 따르지 않았기 때문입니다. 그렇지만 부인과 동거하지 않았을 뿐이지 내쫓았다는 기록은 없어요.

이원수: 그러면 증자가 부인을 내쫓은 것은 무슨 까닭이오?

사임당: 증자 부친이 찐 배를 좋아했는데, 부인이 배를 잘못 쪄 부모를 공양하는 도리에 어긋났기 때문이나, 한번 혼인한 예의를 생각해서 새장가는 들지 않았어요.

이원수: 주자의 집안 예법에는 이러한 일이 없는 것이오?

사임당: 주자가 마흔일곱 살이 되던 해에 부인 유씨가 죽었는데, 당시 맏아들이 미혼이어서 살림할 사람도 없었지만 다시 장가를 가지는 않았지요.

• 16세기 〈매창매화도〉강릉 오죽헌 시립박물관 소장. 율곡이 중요한 문제를 결정할 때 지혜를 구하기도 했다는 누님 이매창은 사임당의 예술적 재능을 그대로 물려받았다.

그러나 이원수는 자신의 단골 주막집 권씨를 첩으로 거느리고 있었고, 사임당이 죽은 후에는 그녀를 후처로 삼았다. 이러한 여러 이야기를 종합해보면, 부부의 관계가 썩 원만하지는 않았던 것 같다.

'어질고 순종적인 아내' 또는 '여필종부女必從夫'라는 당시의 봉건적 관점에서 평가한다면, 사임당은 오히려 남편의 부족한 점을 일깨워주며 스스로도 자신의 역량과 소질을 끊임없이 계발했던 진보적인 여인이었다. 즉 현모양처보다는 어질고 현명한 어머니이자 슬기로운 부인이었다는 의미로 현모지처賢母智妻라는 평가가 더 어울릴 듯하다.

또한 사임당은 자신이 어린 시절 부모에게 받아온 교육 방식처럼 자식들 각자의 타고난 소질과 적성을 발굴해내 집중적으로 계발시켜주었다. 그 결과 율곡과 같은 대학자를 길러낸 것은 물론, 딸 이매창을 '어머니보다 뛰어난 예술가'로 명성을 얻게 하고, 막내 아들 이우는 조선 중기 시詩, 서書, 화畵, 금琴에 뛰어나 '사절四絶'이라는 별명과 함께 "형 율곡 뒤에 가려진 당대의 천재"로 불리게 만든 것이 아닌가 싶다. 이는 오늘날의 '영재교육' 또는 '특기·적성교육'에 가까운 것으로, 퇴계의 어머니 춘천 박씨가 자식들에게 "학문을 통해 인격을 갈고 닦으라"며 끊임없이 훈육해온 '인성교육' 모델과는 대비된다고 할 것이다.

'만능 탤런트' 신사임당과 '고시 9관왕'

이이는 강릉 오죽헌에서 1536년 12월 26일 인시寅時, 호랑이에 태어났고 아명은 현룡見龍, 호가 율곡栗谷이었다. 여기에는 용과 밤나무, 호랑이에 얽힌 탄생설화가 다음과 같이 전한다.

이원수가 10여 년을 사임당과 떨어져 한양에서 지낸 후 강릉으로 내려가는 길에 평창 대화의 한 주막을 찾았다가 여주인의 유혹을 받고는 매정하게 뿌리친다. 다음 날, 처가에 도착해 사임당과 오랜 회포를 풀며 지내던 중, 사임당이 거대한 흑룡이 방으로 들어와 어린아이를 품에 안겨주는 꿈을 꾸더니 태기를 느끼게 된다.

그 뒤 이원수가 다시 과거를 보러 한양으로 가던 길에 예전 머물렀던 주막을 찾는다. 안주인을 불러 "전날 야박하게 굴어 미안하다. 소원을 들어주겠다"며 하룻밤 같이 지낼 것을 청한다. 그러나 여인

• 이곳 오죽헌 어디에선가 어린 율곡이 사임당의 자애로운 눈길을 바라보며 낭랑한 목소리로 경전을 외고, 어머니의 그림을 흉내 내고 있는 모습이 어린다. 강릉 오죽헌 시립박물관 소장

은 "전날에는 귀한 아기를 얻어볼 생각에서 그리한 것이나 이미 부인의 몸에 그 아이가 잉태되었으니 필요 없다"라고 딱 잘라 거절하면서 "그 아이는 반드시 인시寅時에 태어날 것인데 안타깝게도 다섯 살 때 호환虎患을 당해 죽게 될 것이다"고 선언한다. 이원수가 놀라 방책을 구하니 여인은 "남의 집 신주로 쓰일 밤나무 1,000그루를 가꾸되 아이가 다섯 살이 되는 날 노승이 와서 아이를 보자고 하더라도 응하지 말고 대신 밤나무를 보여주라"고 조언한다.

걱정이 태산 같은 이원수가 강릉으로 되돌아와 집 주변에 밤나무 1,000그루를 심으며 지내던 중 과연 인시에 율곡이 태어났고 다섯 살 되던 어느 날 노승이 찾아와 아이를 보자고 한다. 이원수가 "나도 덕을 쌓았는데 어찌 내 아이를 해치려 하느냐?"고 소리친다. 노승이 "무슨 덕을 쌓았느냐?"고 묻자 밤나무 숲을 보여주고 그 수를 헤아렸으나 999그루밖에 되지 않았다. 한 그루가 말라 죽은 것이다. 이때 주변의 어떤 나무가 갑자기 "나도 밤나무"라며 나서 1,000그루째가 되자, 노승은 외마디 비명을 지르고 호랑이로 변하더니 산속으로 사라졌다. 이때부터 율곡을 살려낸 밤나무를 활인수活人樹라 하는데, 오죽헌 뒤에 있는 수많은 밤나무는 그때 심은 것이라고 한다.

이 탄생설화의 무대가 파주 율곡리 또는 평창 백옥포리라는 주장도 있다. 이중 평창은 이효석의 〈메밀꽃 필 무렵〉으로 잘 알려진 봉평면에 한때 율곡 일가가 살았다는 이야기가 전해지고 있으며, 여기에 아버지 이원수의 벼슬 이름을 딴 '판관대判官坮'가 자리하고 있는 것과 무관하지 않다.

율곡은 여덟 살이 되어 어머니를 따라 한양으로 올라가기 전까지 어머니를 비롯한 외가 식구들로부터 절대적 영향을 받고 자랐다. 율곡이 열세 살 때 진사 초시를 시작으로 총 아홉 번이나 장원급제 해 '구도장원공九度壯元公'이라는 명성을 얻은 것도 사임당의 체계적인 지도와 외가 식구들의 각별한 조기 교육에 힘입은 바 컸던 것으로 보인다. 세 살 때 이미 석류를 보고 '껍질이 부서진 붉은 구슬을 싸고 있구나'라는 시를 지었다는 것도 당시 외할머니가 그를 데리고 다니면서 문리文理를 틔워주던 과정에서 나온 일화다. 사임당도 어쩌다 한양 시댁을 갈라치면, 자신이 없는 동안 각자가 익힐 부분을 세밀히 내주고 돌아와서는 이를 일일이 점검할 정도로 자녀들의 공부 지도에 철저했다.

율곡이 외가로부터 받은 영향은 여러 곳에 기록되어 있다. 《율곡연보》에 따르면 그가 다섯 살 때 사임당이 병들자 몰래 외할아버지 이사온의 사당에 들어가 간절히 기도했다고 한다. 《율곡문집》에도 아버지에 대해서는 '꾸밈없으며 너그럽고 검소해 옛사람다운 기풍이 있다'는 정도의 내용만 있을 뿐, 아버지보다는 어머니, 친가보다는 외가에 대한 언급이 주를 이루고 있다. 이러한 사실은 율곡이 사임당의 일대기를 적은 〈선비행장〉을 보면 더 극명하게 나타난다.

> 간혹 아버지께서 실수를 할 경우 반드시 이를 지적하고 자녀가 잘못이 있으면 훈계했으며 주변이나 아랫사람들이 허물이 있으면 늘 깨우치시니 모두 존경하며 따랐다. 어린 시절에는 경전에 통달하고 글을 잘 지었으며 글씨와 그림에 뛰어났고, 바느질도 잘하시어 수놓은 것까지 정묘하지 않은 것이 없었다. 특히 그림 솜씨가 비범해 일곱 살 때부터 안견의 그림을 모방해 산수화와 포도 그림을 그렸으니 세상에서 견줄 이가 없었다.

어머니 사임당은 율곡에게 위대한 스승이자 전지전능한 존재였다. 이러한 사임당이 48세에 세상을 뜨자 16세의 율곡은 극도의 상실감으로 방황한다. 여기에 아버지 및 거친 성격이었던 상민 출신의 계모 권씨와 심한 불화까지 겪다가 삼년 모친상을 치르고는 금강산에서 칩거하며 불경 공부에 심취한다. 이 일이 조정에 출사한 뒤 정적들로부터 줄곧 "유학자의 탈을 쓴 불자"라는 공격을 받는 빌미가 되기도 했다.

사임당 사후 어머니에 대한 율곡의 그리움은 외할머니 용인 이씨에게로 옮겨져 나타난다. 당시 외할머니는 강릉에 살면서 사임당과는 달리 장수

했는데, 율곡이 1년여 금강산 생활
을 접고 하산하자마자 제일 먼저
찾은 이가 외할머니였다.

　조정에 출사해 각종 요직을 거
치면서도 외할머니의 병환 소식을
접하면 지체 없이 사직을 청하고
강릉으로 내려갔으며, 이 때문에
공과 사를 구분하지 못한다는 비
난과 함께 사간원에서 파직을 주
청하는 상소를 올리기도 했다. 그
러나 《선조실록》에 따르면, 임금은
율곡의 극진한 효심에 감명을 받

았는지 오히려 그를 두둔하거나 그가 문안을 하는 데 편의를 봐주도록 명
하기도 한다.

　결국 외할머니가 90세를 일기로 사망하자 율곡은 어머니 사임당 때와
마찬가지로 그녀의 일생을 기록한 《이씨감천기》라는 책까지 손수 지어 영
전에 바친다. 여기에서도 '외할머니는 실로 내게 친어머니와 같은 존재였다'
고 고백하고 있으니, 율곡의 어머니 사임당에 대한 사모의 정은 참으로 깊
고도 깊은 듯하다.

　한편, 율곡 역시 가정사가 그리 평탄치 못했던 것 같다. 19세에 곡산 노
씨와 결혼했는데 슬하에 자녀가 없어 첩을 들여 2남 1녀를 보았다. 서녀는
조선 중기에 이조판서를 지낸 김집의 첩이 되었으며 서자 경림과 경정이

• 어머니는 아들을 대 성현으로 키우고, 아들은 어머니의 팔방미인으로서의 재능과 흠모의 정을 세상에 알린 최상의 콤비 모자였다.

대를 이었는데, 율곡 사후 250여 년이 흘러 율곡의 종통宗統 자리를 놓고 후손들끼리 격렬하게 다툰 기록이 《순조실록》에 남아 있다.

이원배가 말하기를 "저는 문성공 이이의 9세손인데 별안간 종통을 빼앗긴 변을 당했습니다. 문성공은 적자가 없어 소실의 아들 이경림 이 제사를 받들고 대대로 이어져 왔습니다"…이용은 말하기를 "저 는 문성공의 10세손으로 정당한 종통을 잇고 있음에도, 이원배가 터무니없는 이유로 모함하고 있습니다. 거짓이 있다면 제가 마땅히 처벌을 받겠습니다."

현재 경기도 파주시 법원읍에 율곡의 가족 묘 13기가 있는데 여러 가지 특이한 점이 엿보인다. 우선 덕수 이씨 집안뿐 아니라 누이인 매창의 시부모까지 이곳에 함께 안치되어 있으며 율곡의 묘는 부모의 자리보다 위에 있는 '역장묘' 형태를 띠고 있다. 특히 역장묘에 대해서는 구설이 무성하다. 우리네 전통적 가치관에 비추어볼 때 매우 불효한 처사라는 주장에서부터, 율곡의 학문적 업적과 명성이 워낙 드높아 후손들에 의해 그를 예우하는 뜻에서 이루어진 파격적 조치라는 견해도 있다. 그러나 조선 중기 예학의 대가였던 사계 김장생 또는 명문가 후손인 윤보선 제4대 대통령 등의 묘 역시 역장묘인 것을 보면 이것이 순리를 그르치거나 예법에 어긋나는 것으로 무작정 치부하기는 어려울 듯싶다.

한편, 율곡 부부의 묘는 합장이 아니다. 여기에는 가슴 아픈 사연이 있다. 본처 곡산 노씨는 율곡이 죽은 뒤 8년여를 황해도 해주 등지에서 홀로 살았다. 1592년 임진왜란이 발발한 직후 몸종 둘과 함께 율곡의 신주를 안고 묘를 지키러 가던 중, 왜적이 해코지를 하려 하자 호통을 치다 일행 모두가 죽임을 당했다. 난이 끝나고 그녀의 시신을 수습하려 했지만 세 사람의 뼈만 남아 누구의 것인지 구분이 되지 않아, 결국 부부의 묘를 따로 쓰게 되었다고 전한다.

이러한 가슴 아프고 불운한 가정사에도 율곡은 수백 년이 지난 오늘에 이르도록 강릉 오죽헌, 파주 묘역, 서울 사직공원 등 전국 각지에서 자신이 사모하는 대상이자 절대적 후원자였던 어머니 신사임당의 곁을 지키고 있다. 더구나 온 국민이 사용하는 화폐에까지 세계 최초로 모자의 초상이 함께 들어가는 진기록을 세우기에 이른다.

• 참고 문헌 및 자료 •

《감자바위 깡론》, 김중석, 금강출판사, 2009년

《강릉백년사》, 강릉시, 2002년

〈강원구비문학연구사〉, 유인순, 강원대 강원문화연구소, 1992년

《강원도지(1940년판)》(최상익 등 번역본), 강원도, 2005년

《강원문화논총》, 최승순, 강원대 출판부, 1989년

〈강원도 산간부락 민속학술조사 보고서〉, 최승순 외, 강원도, 1980년

《강원여지승람》, 최승순, 율곡학회, 2009년

《강원의 풍수와 인물》, 옥한석, 집문당, 2003년

《고려도경》, 서긍

《고려사》, 김종서·정인지·이선제 외

《고려사절요》, 김종서·정인지·이선제 외

《관동별곡》, 정철

《관동팔경》, 최욱철, 강원미래연구소, 2007년

《구황촬요》

《국역척주집》, 삼척시, 1997년

《규합총서》, 빙허각 이씨

《그리운 스승 한암스님》, 김광식, 민족사, 2006년

《대동야승》, 성현 등

《동국세시기》, 홍석모

《동계만록》, 정래주

《동안거사집》, 이승휴

《동의보감》, 허준

《동패락송》, 노명흠

디지털강릉문화대전

《땅에 새겨진 문화유산》, 김기빈, 한국토지공사 토지박물관, 2006년

《사기》, 사마천

《삼국사기》, 김부식 외

《삼국유사》, 일연

《삼국지》, 진수

《삼척군지》, 삼척군, 1998년

《삼척지역의 설화》, 두창구, 국학자료원, 2003년

《서울육백년사》, 서울특별시사편찬위원회, 2006년

《서울의 하천》, 서울특별시사편찬위원회, 2000년

《성호사설》, 이익

《세계무형문화유산과 민속예술》, 장정룡 외, 강릉시·국제아시아민속학회, 2004년

《세상을 바꾼 여인들》, 이덕일, 옥당, 2009년

《신증동국여지승람》, 이행 외

《속초시사》, 속초시, 2005년

《승정원일기》

《신봉승의 조선사 나들이》, 신봉승, 도서출판 답게, 1996년

《양주지》, 양양문화원, 강원일보사 출판국, 1990년

《어우야담》, 유몽인

《어류박물지》, 정문기, 일지사, 1974년

《역사인물기행》, 황원갑, 한국일보사, 1988년

《연려실기술》, 이긍익

《열하일기》, 박지원

《영동민속지》, 최철, 통문관, 1972년

《영월부읍지》

《오주연문장전산고》, 이규경

《완역 증수임영지》, 정항교, 강릉문화원, 1997년

《운곡 선생 이야기》, 최상익, 운곡학회, 2010년

《운곡행록(운곡시사)》, 원천석, 한국고전번역원 역

〈원주얼〉 1~16호, 원주문화원

《율곡문집》, 이이

《인제군사》, 인제군

《임하필기》, 이유원

《정감록》

《조선왕비실록》, 신명호, 역사의아침, 2007년

《조선왕조실록》

《지방행정지명사》, 내무부, 1982년

《철원군지》, 철원군

《초당집》, 허엽

〈춘주문화〉, 춘천문화원

《춘주지》, 춘천문화원, 춘천시·춘성군, 1984년

《퇴계집》, 이황

《태백의 인물》, 최승순 외, 강원일보사

《택리지》, 이중환

〈특질고〉, 오영수, 문학사상, 1979년

〈팔도인 성격에 대한 선입관념〉, 이진숙, 사상계사, 1958년

《한경지략》, 수헌거사

《한국독립운동지혈사》, 박은식

《한국독립운동사》, 국사편찬위원회, 1970년

《한국명산기》, 김장호, 평화출판사, 1993년

《한국축제의 이해(강원도 편)》, 장정룡, 새미, 2006년

《해양수산통계연보》, 해양수산부, 1998년

《향토의 전설》, 강원도, 1979년

〈KBS 역사스페셜〉 9회차 2009년 9월 5일

강원도 각 시·군 문화원 홈페이지

강원도청 및 각 시·군청 홈페이지

※ 이 책에 사용된 일부 이미지는 출처를 찾지 못해 부득이하게 사용 허가를 받지 못하고 사용되었습니다.
출처를 확인하는 대로 일반적인 기준에 따라 저작권료를 지불하겠습니다.

정철도 몰랐던 21세기 관동별곡

우리 산하에 인문학을 입히다

발행일   2011년 5월 30일 초판 1쇄
발행일   2019년 10월 10일 초판 10쇄
지은이   홍인희
발행인   박영규
발행처   주식회사 교보문고

출판등록   제406-2008-000090호(2008년 12월 05일)
주소   경기도 파주시 교하읍 문발리 501-1
전화   대표전화 1544-1900
         도서주문 02-2076-0360
         팩스주문 02-2076-0470

ISBN 978-89-94464-89-3 03900
책값은 표지에 있습니다.

· 이 책의 내용에 대한 재사용은 저작권자와 교보문고의 서면 동의를 받아야만 가능합니다.
· 잘못 만들어진 책은 구입하신 곳에서 바꾸어 드립니다.